デフレーミング戦略

アフター・プラットフォーム時代のデジタル経済の原則

高木聡一郎

目次

第二部　デフレーミングのプロセス

第5章　個人化

はじめに

本書の目的は、デジタル化がビジネスや経済に与える本質的な影響を明らかにすることです。その本質的な影響を理解する鍵として、「デフレーミング」という概念を提唱しています。

「デフレーミング」とは、さまざまなデジタル技術が社会経済に与える影響を理解するための共通的なフレームワークです。また、ビジネスモデル、企業の成長戦略から、私たちの働き方、キャリア設計、学び方にいたるまで、社会経済のあらゆる変化を貫く基本原則でもあります。これから先の社会の変化を見通すためには、欠かすことのできない視点です。

「デフレーミング」とは、枠（フレーム）が崩壊するという意味の造語です。それは、伝統的な製品、サービス、組織などの「枠」を越えて、それらの内部要素をデジタル技術で組み直すことで、ユーザーにより最適化されたサービスを提供できるようにすることです。いいかえれば、従来の「サービス」や「組織」といった「枠」がなくなる時代になるのです。製品やサービスは万人に受けるパッケージ化されたものから、ユーザーに個別最適化されたものに転換します。また、企業という枠で仕事を受発注するのではなく、個人のスキルやリソースを個別に特定して取引するようになります。

こうした変化は、すでに社会のいたるところで始まっています。たとえば、気に入ったデザインと素材の靴を、お店を渡り歩いて一所懸命探して買うのではなく、自分が好きなようにデザインし、カスタマイズして注文することが容易にできるようになりました。自分が必要なハードウェアさえも、小規模なロットで発注して作ることができます。また、ソーシャルネットワークサービスは、写真やコメントの共有だけでなく、一般の人でもインフルエンサーとして情報発信と広告を担える場となり、今やデパートに代わる小売りの場へと変貌してきています。クラウドソーシングのサイトでは、従来はシステム会社やデザイン会社に発注しなければならなかった仕事を、個人で引き受けてくれる人々が活躍しています。

近年「デジタル・トランスフォーメーション」（DX）という言葉がクローズアップされていますが、情報技術によって、今までよりも深いレベルでビジネスやサービスが変革される、という程度のことしか示されていません。デジタル・トランスフォーメーションの原則や理論、そして社会が結局はどう変わるのか、具体的な中身は明確に示されてきませんでした。しかし、次々に開発されるデジタル技術は、単なるビジネスモデルの変化を超えて、社会の構造や仕組みそのものに深い影響を与えつつあります。本書は、デジタル・トランスフォーメーションが社会に与える深い影響を明らかにするものでもあります。

本書では、「デフレーミング」の概念をもとに、その理論的な背景を示すとともに、具体的にどのような形となって表れているのか、事例とともに示していきます。また、こうした時代に対して企業や個人はどう対応していけばよいのかを提示していきます。

本書は、大きく三部構成となっています。第一部では、デフレーミング戦略の概要と背景を説明します。第1章では、「デフレーミング」の概念を導入します。デフレーミングは「分解と組み換え」、「個別最適化」、「個人化」という三つの要素から構成されます。この三つの要素がどのような概念であるかを簡単に説明します。

第2章は、現代のテクノロジーの進化によって、なぜデフレーミングが必須となるのか、理論的背景を明らかにします。特に、デフレーミングは企業組織の構造と深い関係があり、企業組織を研究する学問である組織経済学の視点から、これまで企業という枠がなぜ必要だったのか、情報技術によってどう変わりつつあるのかを検討します。さらに、経済が「大企業時代」から「新個人経営時代」に移行してきていることを歴史的視点から示します。具体的な事例に関心のある方は、順を飛ばして第3章に読み進んでいただいても構いません。

第二部「デフレーミングのプロセス」は、デフレーミングの三つの要素に対応した章で構成されています。第3章では、第一の要素である「分解と組み換え」を取り上げます。従来のビジネスモデルがどのようにデジタル技術で分解され、新しいビジネスとして再構築されているかを詳しく見ていきます。ここでは事例として、中国の「アリババ」や「テンセント」が世界的ＩＴ巨人として台頭してきた現状と、その背後にあるビジネス戦略を描きながら、これから企業がどのような戦略で「分解と組み換え」に対応していけばよいのかを示します。

第４章は、第二の要素である「個別最適化」をテーマにします。「Ｏｎｅ ｓｉｚｅ ｆｉｔｓ ａｌｌ」（一つのサイズでみんなに合う）というような既製品の時代が終わり、顧客やユーザーのニーズに個別に最適化された価値を提供することが、なぜ今の時代に重要なのか、いかにして技術的に可能になるのかを示します。個別最適化はビジネスのみならず、国や地域の経営など、公共的な課題においても重要な観点となります。章の後半ではこうした社会的な問題についても扱います。

第5章では、第三の要素、「個人化」について考えます。たとえばシェアリング・エコノミーは、企業組織に代わって個人がサービスの担い手となるための仲介と信頼のシステムです。情報技術によって情報へのアクセスが飛躍的に向上したことで、個人でも従来の組織に比肩しうるサービスを提供することが可能になりました。このような背景から、フリーランス化が世界的に加速しています。一方で、個人化する主体の受け皿となるコミュニティの重要性が高まっています。それを端的に示すのが、世界各地で急速に拡大しつつあるコワーキングスペースです。本章では、個人化の背景と課題、企業に代わるコミュニティとしてのコワーキングスペースを取り上げます。

第三部は、「デフレーミング時代の組織と個人」です。デフレーミング時代における人と人の連携方法や個人のキャリア戦略、そして今後の社会的課題を取り上げます。第6章では「信頼」の問題に焦点をあてます。信頼はデフレーミングを可能にする重要な要素であり、現代のプラットフォームサービスの成功の鍵でもあります。デジタル化した社会においては、顔の見えない個人間での売買や仕事の受発注を可能にするために信頼をどう担保するかという問題があります。この問題を解決しつつある企業が、近年急成長を遂げているのです。また、この章では信頼のインターネットと呼ばれるブロックチェーン技術が、ビジネスレベルの信頼とどのようにかかわっているかも示します。

第7章は、個人にとってのデフレーミング時代の生き方をテーマにします。超高齢社会を迎え、社会保障制度に危機的状況が生まれています。また、企業がどこまで制度を続行するかという問題もあり、もはや「終身雇用」は幻想になりつつあります。個人化が進む時代に、どのように学び、キャリアを築いていけばよいかは重要な課題です。そこで、本章では一人ひとりが身に付けたい、デフレーミング時代における個人の戦略を探ります。

第8章は、デフレーミングの課題と展望を示します。デフレーミングの時代は、個人化の時代であるとともに、それを仲介するプラットフォームの巨大化が進む時代です。プラットフォームの寡占問題に関する考え方や、個人情報の集積に関する問題を取り上げます。また、個人化の時代はプライバシーが全面にさらされ、一人ひとりが孤立する可能性もあります。こうしたことを防ぐためのコミュニティの重要性についても議論します。さらに、イノベーションを促す都市戦略についても示していきます。

筆者は、2019年3月まで、情報技術の発展と社会の関係を専門的に研究している国際大学グローバル・コミュニケーション・センター（GLOCOM）の研究部長として、日々新しいサービスとその社会的影響に関する議論に参加してきました。また、この数年ニューヨーク、シリコンバレー、ロンドン、中国（上海、杭州、深圳）などを訪問し、最新のデジタルサービスの展開を調査してきました。デフレーミングの概念は、こうした調査で観察された革新的なサービスやビジネスモデル、経済の変化を最もよく説明できるフレームワークとして生まれたものです。このフレームワークによって、今後のテクノロジーの進化が社会にもたらす影響を見通すこともできるでしょう。

本書の執筆にあたって、以下の方々との議論に大きく触発されたことに、特に謝意を表します。ボストン大学のマーシャル・ヴァン・アルシュタイン教授、マサチューセッツ工科大学のマイケル・A・クスマノ教授からはプラットフォーム・ビジネスの進展やソフトウェア産業の戦略について貴重な知見をいただきました。東京大学准教授の伊藤亜聖先生、中国アジアＩＴジャーナリストの山谷剛史さん、富士通総研上級研究員の趙瑋琳さんからは中国における最新のＩＴビジネスの動向について知見をいただきました。Ｔａｂｌｙ株式会社代表取締役でTechnology Enablerの及川卓也さんからは技術的アーキテクチャの最新動向について学ばせていただきました。東京大学大学院情報学環教授で学環長の田中秀幸先生、会津大学客員准教授の藤井靖史先生には地域における価値の創出と流通という観点で多大な示唆をいただきました。株式会社博報堂ＤＹメディアパートナーズの森永真弓さんからは、インフルエンサー・マーケティングの動向について貴重なご意見をいただきました。国際大学ＧＬＯＣＯＭのメンバーからは参考となる情報だけでなく本書の構成やメッセージまで様々な貢献をいただきました。また、本書の出版に際しては翔泳社の京部康男さんにご快諾いただき、内容についても貴重なご意見をいただきました。本書の一部はＪＳＰＳ科研費「JP15K00460」の助成を受けた研究に基づくものです。

ご支援、ご協力を頂戴した皆様に、改めて御礼申し上げます。

本書は、日々めまぐるしく登場する情報技術サービスが社会に与えている影響を、中長期的な視点で捉え、対応策を考えるための原則を示しています。少しでも本書が皆様のビジネス、キャリア、政策等を考えるためのヒントになれば幸いです。

高木　聡一郎

第一部　デフレーミング戦略とは何か

第1章 「画一性による規模の経済」の終焉

20世紀の経済を象徴するのは、画一性による規模の経済でした。商品にせよサービスにせよ、個別のユーザーの事情はさておき、一定の「枠」にパッケージ化し、それを大量に生産・供給することで、「規模の経済」を実現するというものです。18世紀に始まった産業革命によって、それまでの職人技で小規模の生産を行っていた経済から、同じものを大量に生産し、鉄道網や蒸気船を利用して大量に流通させる経済に変革されました。

その後、自動車のT型フォード、トヨタ生産方式、またIT革命時代に入ってマイクロソフトのオペレーティング・システム、アップルのマッキントッシュにいたるまで、いずれの製品も、この産業革命時代の発想に基づく利益の追求が行われてきたのです。それは、だれもがほどほどに満足する機能をパッケージ化して、個別のカスタマイズを要らないようにした上で、世界中で大量に販売するという考え方です。これが経済の黄金法則である時代が長く続いてきました。

確かに、パッケージ化されたものを大量に販売する方式には、様々なメリットがあります。提供者は、一つの設計に基づく製品を大量に生産すれば、生産コストを安く抑えることが可能です。個別のニーズを聞く必要もありません。消費者側も、自分が何を必要としているかを細かく考える必要なく、「これを買っておけばひとまず安心」というものを見つけることができます。

しかし、一定の「枠」にパッケージ化された商品やサービスは、実は大いなる無駄を含んでいます。たとえば、皆さんのパソコンやスマートフォンには、おそらく一度も使ったことのないアプリケーションが入っているのではないでしょうか。タダだからいいや、と思われるかもしれませんが、その開発費用は商品の価格に上乗せされています。あるいは、本当に欲しいものではないのに、手に入るものの中で、比較的よいということで我慢して使っているものもあるでしょう。

また、商品やサービスだけでなく、私たち働き手の側も、一定の「枠」にパッケージ化されることを暗黙のうちに望み、そのための行動を取ってきました。一流の大学に入って「○○大学卒」、就職して「銀行員」、「弁護士」、はたまた「会社員」など、学歴、職業によるパッケージ化を進めてきたのです。一人の人間の中には様々な能力や、得手不得手があるはずですが、それらを考慮し出すと「効率的」ではありません。そこで、一定の枠をはめて、○○大卒だからこれくらいの能力がある、銀行員だからこういうスキルがある、という具合に自分をプロデュースしてきました。そして、ある企業の「社員」となり、その企業の看板の「枠」で職業人生を定義してきたのです。

しかし、個人にはそれぞれ得意・不得意があり、空いている時間やスキルなどさまざまなリソースを持っています。これまでは所属する企業の「枠」を当てはめて働いていたので、そうしたリソースを十分に活用することができませんでした。不得意な仕事でも会社の業務ということでやらざるを得ず、一方で得意なスキルは活かせない、ということが起きていたのです。

ところが、近年のテクノロジーの進化は、こうしたパッケージ化による非効率性を乗りこえる可能性があります。パッケージ化された「枠」の内側にある、個別の要素を取り出し、それらをマッチングさせたり、組み合わせたり、カスタマイズすることが、はるかに容易に行えるようになりました。提供者が提供できる多種多様な価値と、ユーザーの内側にある多種多様なニーズや要望とをより細かく一致させ、取引できるようになってきたのです。

つまり、パッケージを重視した「画一性による規模の経済」が、現代のテクノロジーの基準で見直すと、無駄のかたまりであることが明らかになり、むしろパッケージの内側にある個別要素の組み合わせが重要になってきたのです。本書では、従来パッケージ化されていた商品やサービス、組織などの要素を分解し、柔軟に再編成して、ユーザーのニーズに応えることを「デフレーミング（Deframing）」（「枠＝フレーム」が崩壊するという意味の造語）として提唱します。この概念を、具体的事例に照らしながら本質を解き明かし、規模の経済から変わりゆく現在において、企業や個人がどのように取り組んでいけば良いかを考えていこうと思います。

それは「デフレーミング戦略」と呼ぶべきものになるでしょう。

デフレーミングの定義と3つの要素

はじめに「デフレーミング」について定義をしておきたいと思います。

デフレーミングとは、「伝統的なサービスや組織の枠組みを越えて、内部要素を組み合わせたり、カスタマイズしたりすることで、ユーザーのニーズに応えるサービスを提供すること」です。

近年急成長を遂げているＬＩＮＥやメルカリなどのネット企業、また中国の巨大ＩＴ企業、アリババやテンセントなどを見ると、彼らの成長戦略がこのデフレーミングの原則に沿っていることがわかります。デフレーミングの概念は、世界各地で生まれる革新的なサービスやビジネスモデル、さらに経済の変化を分析した結果、それらを最もよく説明できるフレームワークとして生まれたものであり、これによって、今後の変化を見通すこともできるようになるのです。

デフレーミングは現代のデジタル化されたサービスにおいて、共通する基本原理となるものであり、企業はデフレーミングの原則に沿ったビジネスモデルの再検討、すなわち「デフレーミング戦略」が必要になります。

デフレーミングは、大きく「分解と組み換え」、「個別最適化」、「個人化」という3つの要素によって構成されます。その土台となるのが、第一の要素、「分解と組み換え」です。「分解と組み換え」により、ユーザーに対して第二の要素である「個別最適化」されたサービスの提供が可能になります。

サービスを提供する側には第三の要素としての「個人化」がもたらされます（図1-1）。

以下この3つの要素を簡単に見ていくことにします。

「分解と組み換え」によるサービスの再定義

第一の要素を見ていきましょう。既存のサービスに含まれる要素を分解して、あらためて組み

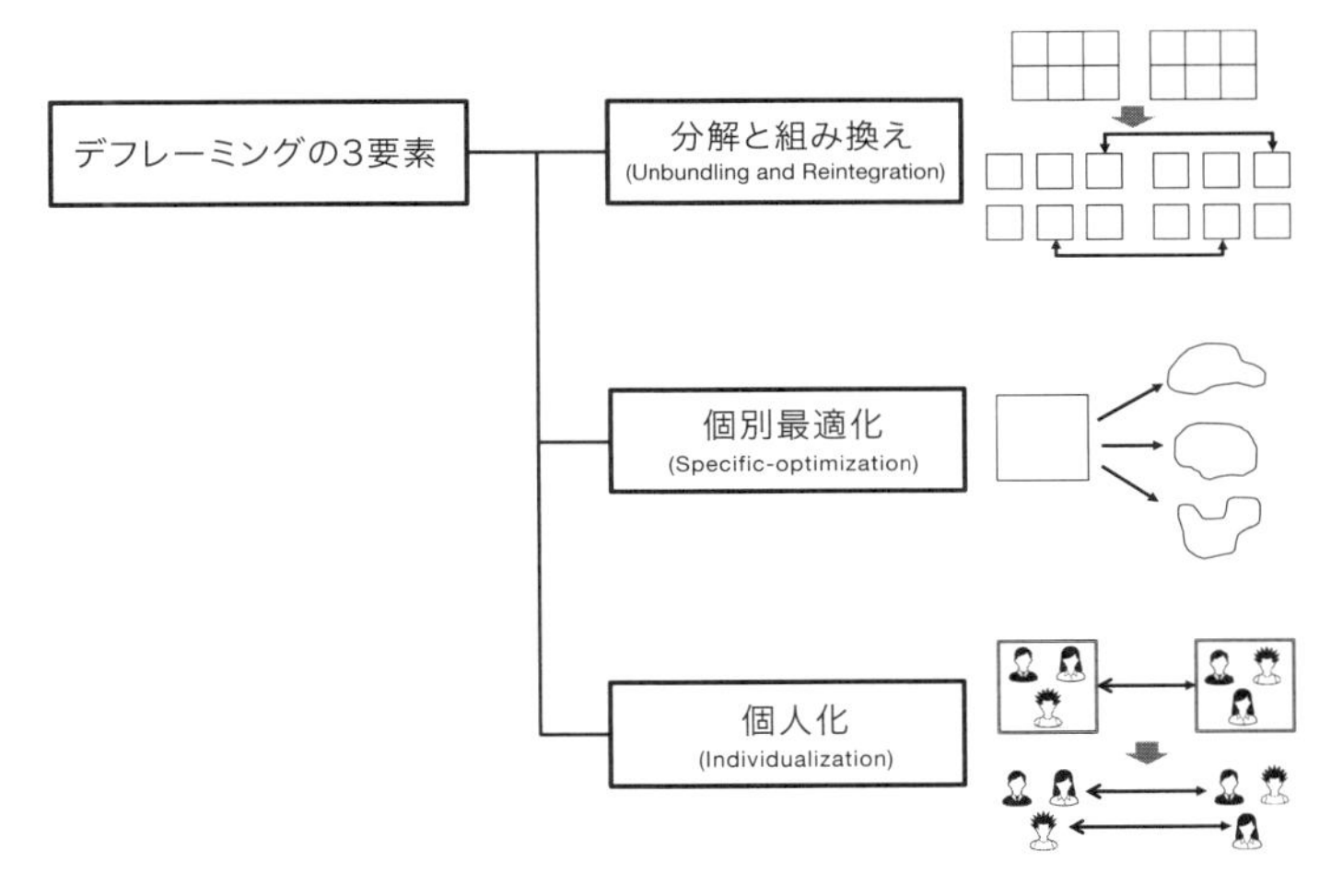

図 1-1　デフレーミングの構造

分解と組み換え	これからのサービスは従来の枠を取り除いて一度分解し、それを新たに組み直して提供する
個別最適化	これからのサービスはユーザーのニーズに個別最適化されたものになる
個人化	これからのサービスの多くは個人化した主体の組み合わせにより提供される

全体最適の「枠」が崩壊し、個人化・個別最適の時代が到来する

図 1-2　デフレーミングの 3 要素

立て直す「分解と組み換え」です。

従来のビジネスやサービスは、いくつもの要素（コンポーネント）を組み合わせて「パッケージ」化して提供されるものがほとんどです。大学を例にあげると個々の授業の実施、学位等を授与するサービス、学生を指導し、能力を向上させるサービスから、学生同士のコミュニティ機能、課外時間を過ごすためのサークル機能などが一体となってパッケージ化されたものと考えられます。

ホテルを例にとると、客室スペースの提供から、清掃サービス、飲食サービス、コンシェルジュサービス、場合によっては温泉の提供などがパッケージ化されています。同様にデパートでは、目利きによる商品の選定、応接による購入サポート、レジにおける決済機能などがセットで提供されています。スポーツジムにおいては、トレーニング機器・プールの利用、トレーニングに関するアドバイス・指導、シャワーなどがパッケージングされています。

これらのパッケージ化されたサービスを、全員が同じようにすべて使うわけではありません。大学は授業だけが必要という人もいれば、正直なところサークルが目当てという人もいるでしょう。スポーツジムも、よいコーチに指導してもらいたいが機材にはこだわらないという人がいるかもしれません。また、デパートの接客に強みはあるが商品選定は弱いなど、パッケージ化されることで、「全体」としては効率的に見えても、細かいところでは提供側にとっても、利用側にとっても不効率な部分があるのです。

現在、情報テクノロジーの進展により、提供できる価値と、それを欲しい人をミクロな単位でマッチングすることができるようになってきています。つまり、多様な要素をひとまとめにしてパッケージ化する「枠」は不要になっているのです。このことを、スマートニュース代表の鈴木健氏は、著書の『なめらかな社会とその敵』（勁草書房）において、「膜」が取り払われて「核」がつながり、「なめらかな社会」が実現すると表現しました。これまで「膜」によって区別され、定義され、隔てられていた境界が取り払われ、中身だけが必要に応じてつながる世界が生まれているという訳です。

多様な要素の「パッケージ化」は、大多数のニーズをほどほどに満たすには相応しかったのですが、細部を検証すると無駄の多さが浮き彫りになりました。今後は、個別のニーズにいかに応えるか、そのため現在提供されている価値をどこまで細分化できるかが重要なのです。

たとえば、グーグル検索は、従来の「書籍や新聞」というパッケージングされた情報へのアクセスから、「必要な情報だけ」を必要な人に届けるように境界を取り払いました。アップルのｉＴｕｎｅｓは、たくさんの曲がカップリングされた「ＣＤ」というパッケージにこだわらず、聴きたい「曲」だけを購入できるようにしました。アマゾンは、それまで書店などが提供していた「接客と販売」という機能を大幅にカットして、読みたい本を自分ですぐに見つけて、利用者が移動しなくても手に入れることができる方法に特化してサービスを開始しました。

金融分野では、従来の銀行が、店舗窓口、ATMネットワーク、決済機能、ローンなど総合的なサービスを展開していますが、Ｐａｙｐａｌはユーザー間の送金の機能に絞って展開しています。機能を絞り、かつインターネット時代に合った操作性、利便性を実現することで、非常に小さいコストで送金サービスを世界中に提供することが可能になり、今や2億７０００万を超える口座を管理するようになりました。これによって、Ｐａｙｐａｌは「インターネットを利用して銀行業を再発明した企業」とまで呼ばれるようになったのです。[1]

このように、旧来のサービスに含まれていた様々な要素から、もっとも得意とする要素やニーズのある要素、課題の大きな要素に特化してサービスを提供することを「分解」と捉えました。

切り出された要素を組み合わせて、徐々にいわゆる「範囲の経済」が追求されるようサービスを再構築していきます。その時に、実はまったく異なる分野の要素との組み合わせが起こります。たとえば通信分野に属していた「コミュニケーション」と金融分野に属していた「送金」が組み合わされることや、インフラ的な「市場サービス」と、金融に属していた「信用情報提供サービス」が融合することが起きます。これはすでにＩＴサービスの進展が著しい中国で起きていることです。

こうした「分解」から範囲を拡大していくプロセスは、第３章で詳しく取り上げます。

「個別最適化」とスケールの両立

デフレーミングの第二の要素は、全員に同じサービスを提供するのではなく、それぞれのニーズに「個別最適化」されたサービスを提供するということです。

従来であれば、個別のニーズに最適化すると、横展開が十分できずコストが増大するという問

1　岩下直行「フィンテックによる金融革新とその影響について」月刊監査役 No.658.
https://www.boj.or.jp/announcements/release_2016/rel160902b.pdf.

題がありました。「スケールできない」ということです。AさんのニーズとBさんのニーズには微妙な違いがあります。それぞれのニーズに対応していてはコストがかさむので、みんながほどほどに満足する、いわば最大公約数のサービスをパッケージ化して提供していたのです。

しかし、昨今のテクノロジー進捗により、個別のニーズを満足させ、スケールさせる方法が実現しつつあります。マス・カスタマイゼーションと呼ばれるコンセプトはその一つです。ナイキのNIKE BY YOU（旧NIKEiD）と呼ばれるサービスは、一人ひとりのユーザーの好みに合ったデザインで靴を製造することを可能にしました。このサービスは、ユーザーのニーズをデータ化するインタフェースや計測技術、それらを瞬時に工場に伝送し、製造ラインに反映する生産技術、サプライチェーンによってユーザーに円滑に届ける技術などが総合されて可能になっています。

同様に、情報に関するサービスもカスタマイズが進んでいます。アマゾンのトップページは、ユーザーごとに表示されている商品がまったく異なります。過去の購買履歴に基づいて、その人の興味を惹きそうな商品があらかじめラインナップされています。試しに、アマゾンからログアウトして再度アクセスしてみれば、トップページの違いがわかるでしょう。

グーグル検索でも、ユーザーごとに検索結果は異なっています。ユーザーがどのような情報を求めているかを分析し、そのユーザーにとって「最適」な検索結果を返すようにカスタマイズされています。何億人という規模で使う検索サービスでも、個別のニーズに対してカスタマイズすることができるのです。こうした情報サービスのカスタマイズは「パーソナライゼーション」と呼ばれています。

近年、こうしたパーソナライゼーションには機械学習と呼ばれる人工知能技術が使われています。それぞれの人に過去に提供したサービスと、その結果を分析することで、アルゴリズムやパラメータを微調整して、次第にユーザーに沿ったサービスにパーソナライズできるようになっています。検索結果のどこを見たか、どこで時間をかけたのか、どの商品とどの商品で迷ったか、といった情報を細かく分析することで、その人の関心がどこにあり、どのような情報を探しているのかを自動的に判断し、その人にあった機能を提供することができるのです。

このように、提供する価値を顧客に合わせてカスタマイズしても、いったんソフトウェアで仕組みを実現してしまえば、追加コストはかかりません。いわゆる「限界コスト」が限りなくゼロに近づき、パッケージ化した場合に比べても追加のコストはほとんど発生しません。

そうであれば、消費者は欲しいものだけを手に入れたいはずです。これまでは、商品やサービスを一定の「枠」にパッケージングして提供することで、効率性を実現できた時代でした。商品やサービスをパッケージ化することで、楽に宣伝できて、効率的に流通させることができました。しかし、今やテクノロジーのおかげで、本当に必要なものごとだけを商品やサービスとして切り出し、カスタマイズしたものを効率的に提供できるようになり、消費者も必要なものごとだけを入手することが可能になりました。

こうした個別最適化はソフトウェアやネットサービスだけでなく、ハードウェアにも及んでいます。３Ｄプリンターの登場によって、設計データがあれば、最寄りの３Ｄプリンターで作成することができます。変更したければ、自分で改変したり、モジュールを追加したりすることも可能です。また、ハードウェアを自作するメイカーズ（Makers）と呼ばれる人々の登場で、小規模の個別注文に対応するハードウェアメーカーも、中国を中心に充実してきています。

個別最適化されたサービスの提供においては「プラットフォーム」が果たす役割も重要です。ユーザーの多様なニーズに応えるためには、サービスの幅を持つことが有効です。書籍の購入者は、本だけでなく、お菓子や飲み物も一緒に欲しいという人もいれば、本と一緒にパソコンを買いたいという人がいるかもしれません。一人ひとりのニーズに対応するには、ある程度の範囲の経済を追求することが必要です。ネットの力で、様々なサービスや、提供主体を柔軟に連携させ、それぞれの顧客に合わせてサービスをダイナミックに作り出すことができます。これを実現するのが「プラットフォーム」です。

これからのサービスはダイナミックに要素を組み合わせて提供することが求められます。タイムリーに要素を組み合わせるためにも、組み合わせることができるサービスのバリエーションを確保することが必要なのです。

マス・カスタマイゼーションの技術や、プラットフォームの発展により、個別最適化を図りながらも、それをグローバルにスケールするしくみを作れるようになってきています。

「個人化」するサービス主体

第三の要素は、サービスを提供する主体の「個人化」です。これまで、サービスの提供者は、企業などの大きな組織に所属し、企業の中で他の従業員と連携しながら働いていました。これは、企業の中で同じ文化や制度を共有する社員と連携するほうが、社外の知らない人と取引するよりも容易で、取引にかかるコストが低いからです。それは、互いに同じ企業文化や連携の作法を共有していたからで、社外の知らない人との連携では、相手を探す手間もかかり、知らない相手に騙されないか慎重に判断する必要もありました。

しかし、テクノロジー進化、とりわけプラットフォームによる分散化された信頼の実現によって、個人が組織の信用と連携の仕組みに頼らなくても、低コストで社外の人々と連携できる時代になってきました。別の言い方をすれば、第一の要素である「分解と組み換え」が個人の働き方にも影響を及ぼしており、このような力の現出は、シェアリング・エコノミーやフリーランスの発展、兼業・副業の増加などに端的に見られます。

また、テクノロジーが普及したことにより、だれもが最先端の知識にアクセスすることが可能となり、従来よりも一人でできる範囲が飛躍的に拡大したことも「個人化」の要因です。手紙をタイプするにも秘書が必要だった時代から、メールも打って、プログラミングして、スマートフォンのアプリを展開するということが一人でもできる時代です。大規模な企業の中で、大勢の従業員の間で分業する必要性が徐々に低下してきているのです。

さらにインターネットによって、だれでも自由に最新の情報にアクセスできるようになったことで、必ずしも組織の上位者でなくとも、ある分野に精通することができるようになりました。場合によっては部長や社長よりも一般社員の方が詳しいという分野もたくさんあるでしょう。こうした変化は、インターネットによって情報が「民主化」されたことで、「個」がエンパワーメントされたことを示しています。

そのため、より個の力を生かすことが求められます。これまで自分の職業を「銀行員」「公務員」「大学教員」など、企業や組織の「枠」にあてはめ、現実に行う仕事は、組織のオーダーに対応して変えてきました。しかし、これからは会社の外にいる、同じような仕事をするエキスパートの個人も競争相手となります。企業の枠に安住し、会社のオーダーを待っていては、その仕事ごと外部のフリーランサーに取られてしまうことになりかねません。

したがって、これからは自分の持っている得意なことやこだわりを追求することで、強みを磨いていく必要があります。以前からクラウドソーシングなどのプラットフォームがありましたが、ニッチな能力でも、世界が相手であれば一定のニーズを得られる可能性があります。

近年は兼業・副業が認められる方向にあり、これも人の持つ多種多様な能力を有効に活用したい、という経済合理性が根底にあることからです。今後も自分の得意なこと、好きなことをスケールできるよう、従来の垣根を越えていく動きは続くでしょう。

一方、だれでも提供できて、かつ同じような品質が求められるような仕事は、機械化されていく可能性があります。人工知能の本格的な登場を待つまでもなく、一定のニーズがあり、標準化されやすい業務はコンピュータで代替するための技術開発が進みやすいという特徴があります。たとえば、議事録作成のための文字起こしがあります。従来は人が録音音声を聴いて文字を起こしていましたが、音声認識、自然言語処理の技術が進展してきたことで、ｉＰｈｏｎｅなどによる音声入力機能を工夫して利用するだけで、文字起こしがほぼ完全にできるようになっています。あるいは翻訳にしても、グーグル翻訳をはじめ、かなり高い精度で仕上げられるようになりました。

つまり、最大公約数的な能力は、一定の規模のニーズがあり、人手というコストをかけているので、人工知能などによる自動化の対象になりやすいのです。したがって、今後は自分にしかできない得意な能力を伸ばし、それをグローバルに提供していくことが、個人にとっての最大の戦略になります。これは、「職業」という考え方に対するひとつの挑戦でもあります。「お仕事は何ですか？」と訊かれて、「○○銀行の行員」といった組織の帰属を前提とするキャリアは、今後、時代の推移の中で危うくなっているということです。これも、「枠」が崩壊することにより進展している事態です。

テクノロジー進化が生み出す資源配分の効率化

「デフレーミング」を貫く力学を現出させているのは、現代のテクノロジー、特に情報技術による新しいサービスの登場です。たとえば、昨今、急速な展開で話題のシェアリング・エコノミーは、従来の「企業」や「従業員」という枠を取り払い、提供する資源を持っている人と顧客とを結びつけるサービスと捉えることができます。シェアリング・エコノミーの代表例ともいえるエアビーアンドビー（Airbnb）は、「宿泊したい」というニーズと、「余っている部屋」という資源を組み合わせてマッチングさせるプラットフォームです。「企業」でなくとも、こうした資源や能力を持っている人たちは存在していたのです。また、利用者側にも、単に「宿泊したい」というだけでなく、「現地の人と触れ合いたい」、「住んでいるように過ごしたい」といった隠れたニーズがあり、それらを触発し、掘り起こすことにもなりました。

タクシーサービスをシェアリング・エコノミーで実現するウーバー（Uber）も同様です。「タクシー会社」や「タクシー運転手」という枠がなくても、使っていない「車」や、運転できる「能力」と「時間」などの資源はあったのです。こうした隠れた資源を見える化し、ニーズとマッチングさせることが可能になりました。

これらは、「資源配分の効率化」といえます。世の中に存在するのに、生かされていない資源をより有効に活用し、必要なところへ届けることを、テクノロジーの進化が可能にしたのです。これまで消費者と提供者の間には信頼の壁があり、個人間で容易に取引を行うことはできませんでした。シェアリング・エコノミーの興隆の背景には、テクノロジーの力が「階層化された組織による信頼」から「分散化された信頼」へと取引のかなめを転換させたことがあります。信頼の問題は第6章で詳しく取り上げますが、この転換によって、個人間の資源配分の効率化が可能になったのです。

資源配分の代表格として金融分野があります。たとえば、融資は、使われていないお金を、今必要なところに資源配分することです。預金とは、今は必要ないお金を、将来に備えておく異時点間の資源配分です。保険は、同じリスクにさらされているけれども何も起こっていない人と、

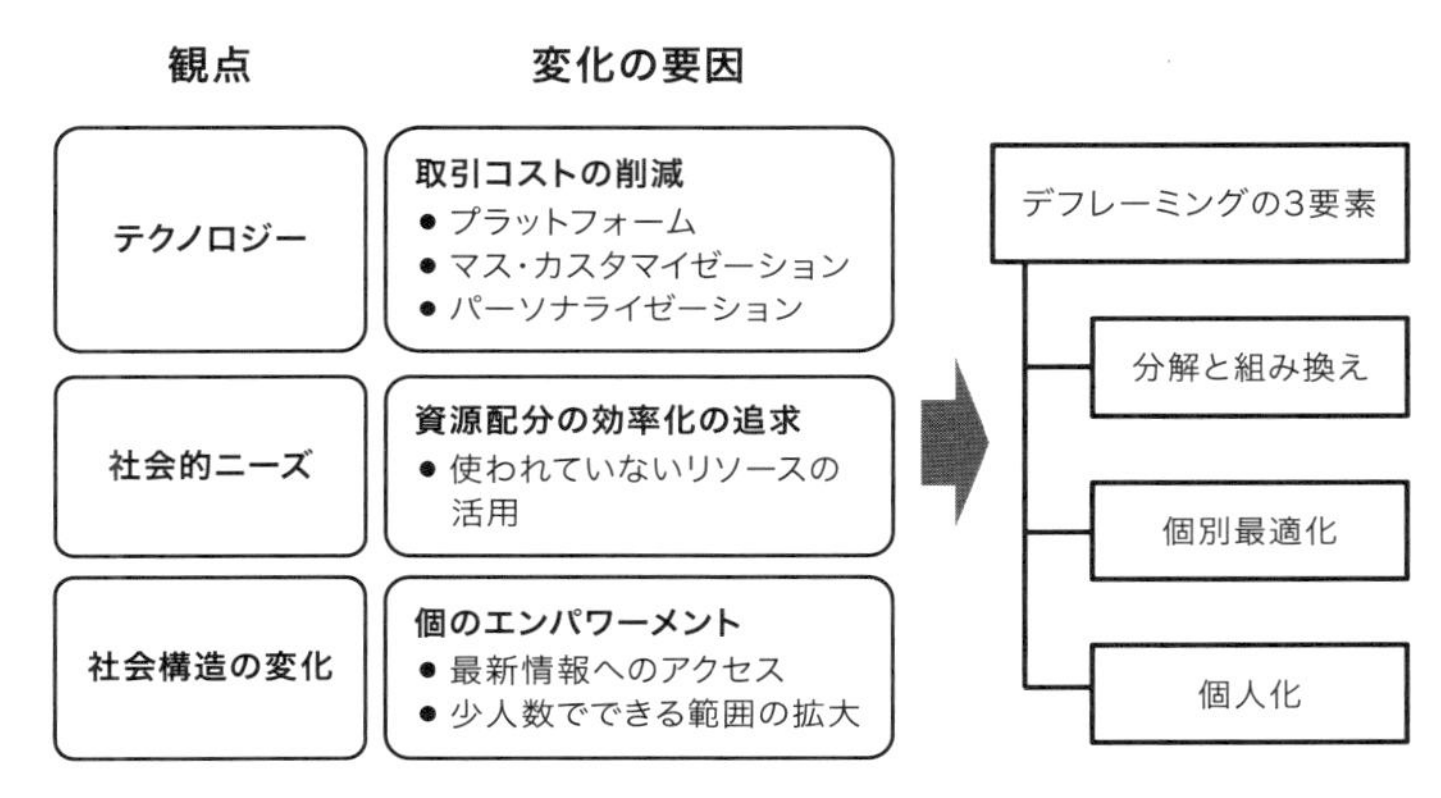

図1-3　デフレーミングの背景

損害が発生してしまった人の間で行う資源配分といえます。

筆者の専門の一つであるブロックチェーン技術や仮想通貨は、中央銀行などの権威ある大組織でなくとも、価値の媒介手段、すなわちマネーを作り出すことを可能にします。これは、社会の中で生み出される多種多様な価値、資源の記録手段を柔軟に作り出し、きめ細かく交換することを可能にします。価値を貯蔵したり、交換したりする媒介手段が多様化したことで、社会において顕在化され、取引される価値も多様になるのです。

テクノロジーの力により、従来よりも、はるかに細かい単位での資源配分の効率化が生まれ始めています。

ここまでの議論をまとめると、図1-3のようになります。

テクノロジーの変化という観点では、プラットフォームの普及が最大の要因です。プラットフォームによって従来にくらべ細かな単位での資源間のマッチングが、小さい取引コストで可能になりました。また、マス・カスタマイゼーションやパーソナライゼーションという技術が、個別にニーズに対応しながらコストを抑えることを可能にしました。

社会的ニーズという観点からは、資源をいかに効率的に無駄なく使用できるかということが、常に求められています。使われていないリソースや、人のスキルなどを有効に活用し、価値を生み出すことは、永続的なテーマです。この点がプラットフォームをはじめとする技術で大きく進化しつつあります。

さらに、社会構造の変化として、個がエンパワーメントされ、個々人がより活躍できる素地が整いつつあります。

こうした三つの変化の要因によって、デフレーミングの三つの要素がもたらされているのです。

デフレーミングは21世紀を生き抜く基本的な戦略

「デフレーミング戦略」とは、従来はパッケージ化されていた要素をバラバラに分解して再構成し、ユーザーのニーズを徹底的に個別最適化するとともに、それをスケールさせる方法です。だれもがほどほどに満足するものを大量に作って提供するビジネスモデルは、時代遅れのものとなるでしょう。すでにデフレーミングの考え方で提供されるビジネスが生まれてきています。

ユーザーは個別のニーズに応えてくれるサービスになれはじめていますので、パッケージ化された商品は「割高」だと感じるでしょう。ユーザーが商品に合わせるのではなく、商品がユーザーに合わせることが当たり前になってきています。また、業務に特化した優秀な個人に依頼するほうが成果が出るとわかれば、企業に高いお金を払うこともなくなるかもしれません。本当に必要なものを、必要なだけ提供する技術と、そのための資源の使い方が重要になります。

個人にとっても、産業構造が個人化していく中でキャリアをどうデザインしていくかが、重要な時期になっています。個の力を最大限生かし、組織の境界を超えてつながっていく時代なのです。

「枠」を取り払い、個別の要素を柔軟に連携させ、ニーズに対応する。これが21世紀を生き抜くための基本的な戦略です。次章では、筆者の専門分野である情報技術の経済学をベースとしつつ、経済の現場でどのような現象が生起し、それに私たちがどう対応していけば良いのか、具体的に見ていくことにします。

第2章　デフレーミングのメカニズム

「分解と組み換え」、「個別最適化」、「個人化」に基づくデフレーミングは、一見すると全体最適とパッケージ化に基づく従来の経済にくらべ、無駄の多い仕組みにみえます。それがどうして経済合理性を持つのでしょうか。そこには、テクノロジーの進化、情報の民主化、新しいビジネスモデルの登場など複合的な要因があります。これらの要因が、従来の「組織のかたち」に向けて大きく働き、ビジネスモデルから社会の構造、働き方にまで、幅広い影響を及ぼしているのです。

本章ではデフレーミングの理論的背景をおもに経済学の観点から解き明かしていきます。具体的な事例や戦略により関心のある方は、第3章以降を先にお読みいただいても構いませんが、本章に戻られることで、より深いレベルでデフレーミングの背景とメカニズムを理解することができます。

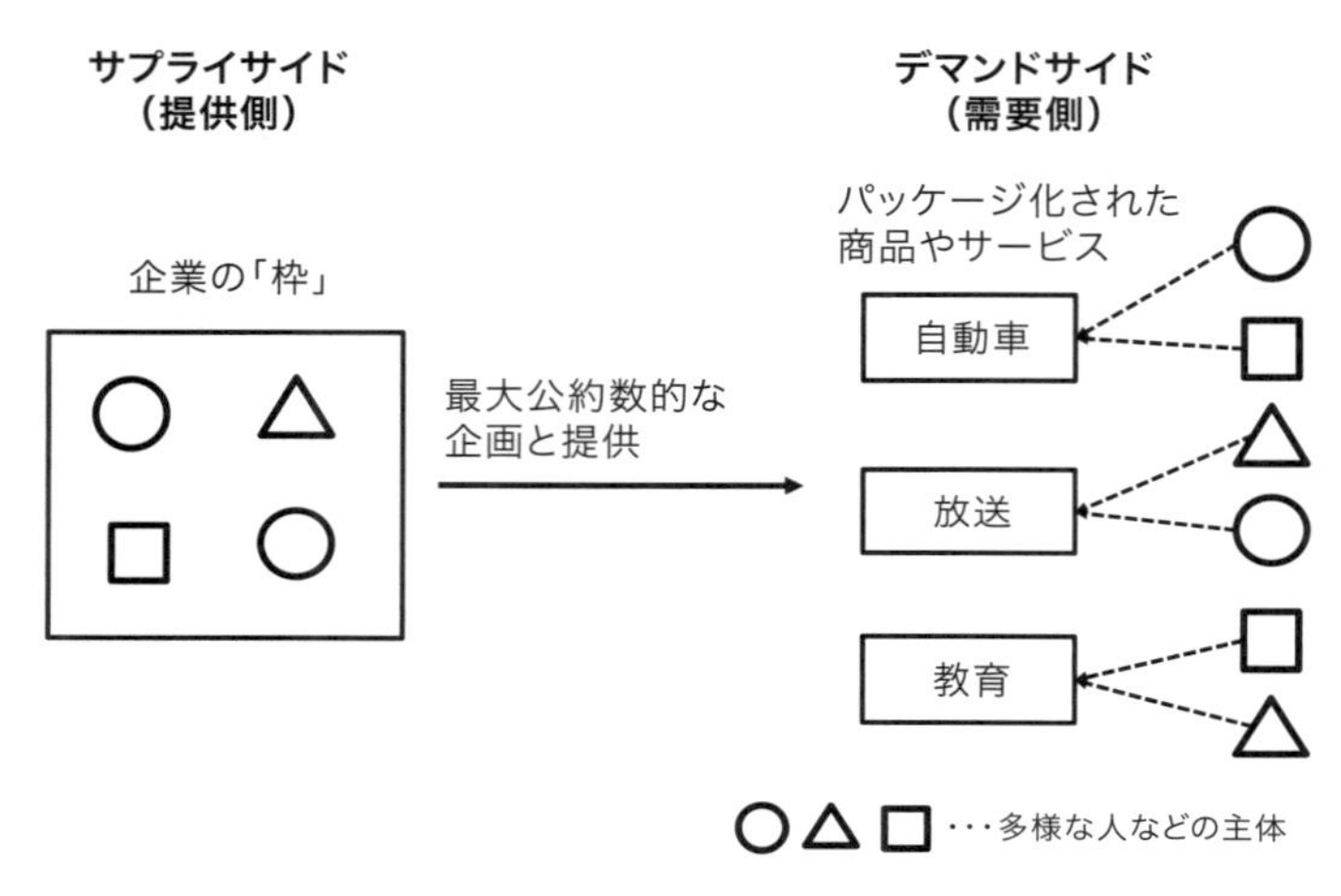

図 2-1　パッケージ化に基づく既存の社会経済システム

階層型組織の終わりのはじまり

デフレーミングが重要になる背景の一つは、階層型組織（ヒエラルキー）に基づく企業の時代が終わりつつあるということがあります。これまでの経済をけん引してきた階層型組織は、19世紀、20世紀の大量雇用による労働集約的な経済に適応したものでした。経済が知識集約型になるにつれて、階層型組織のデメリットが浮き彫りになってきたのです。そこで、まず企業組織の変化から考えていきたいと思います。

これまでのパッケージ化をベースとしたサービス提供と仕組みが次の図2-1です。

企業など、商品やサービスを提供する「サプライサイド」（図の左）を見ると、これまで、様々な個人（労働者の多様なスキル）や資源（工場などの設備、データ、ソフトウェア、天然資源等）を組み合わせて、企業という「枠」が成り立ってきました。世の中の多くの商品・サービスはこうした企業という枠を通じて提供されています。では、なぜ企業という「枠」が必要だったのでしょうか。

なぜ企業組織が存在するのか

経済学の父とも言われる、アダム・スミスのピン工場の話をご存知でしょうか。一つのピンを作るための工程を、すべて一人で行うよりも、各工程に専門特化した従業員を複数雇い、流れ作業にしたほうが、より多くのピンを生産できるというお話です。

アダム・スミスは、一人の職人がすべての工程を担当した場合、一日一人あたり1本しか生産できなかったものを、ある職人は金属を伸ばす作業、ある職人はピンの頭を作る作業といった具合に専門特化していけば、一日一人あたり４８００本ものピンが生産できることを示しました。

これは、どのような個人や企業であっても、自らの得意な業務・分野に専門化して、お互いの得意なものを交換したほうが全体の生産性が高まるという考え方です。個人や企業のみならず、国という単位で見ても、一国ですべての財やサービスを生産するよりも、得意なものを各国が生産して、貿易で交換したほうがお互いにメリットがあります。この「得意」という考え方は、経済学的には「比較優位性」と呼ばれます。すべてのプレイヤーの中でナンバーワンである必要はなく、その国や企業、個人の中で相対的に得意なものに特化すればよいのです。

こうして得意なものに特化すると、財やサービスの生産に必要な資本やスキルもさらに高度化され、より得意になっていきます。[2] こうして各主体が生産性を高めていき、専門特化されたサービスを効率的に連携させることができれば、全体の生産量が増えます。

独立した主体が連携するための方法は、大きく二つあり、「市場」か「階層組織」かという選択になります。[3]「市場」は、価格をベースに、一件一件を独立させて、スポット的に自由に取引します。「階層組織」は、権限をベースに指揮・命令することを柱として、主体間の連携を行います。この「市場」がよいか、「階層組織」がよいか、という問題は、長く組織経済学の分野で研究されてきました。

組織経済学の創始者のような存在で、1972年にノーベル経済学賞を受賞したケネス・アローは、一般に組織というものは、市場における価格の調整システムが機能しない状態において、集団的な行動を調整するための仕組みであり、権威に基づくことを特徴とする、と述べています。価格の調整システムが機能しないのにはいくつかの理由があります。たとえば、市場での調達上の仕様や条件など、すべてを正確に記述することができず、不確実性がある場合や、相手が誠実に行動してくれないために公正な市場取引ができないような場合があげられます。

組織形態を規定する取引コスト理論

こうした問題は、その後ロナルド・コース（1991年ノーベル経済学賞受賞）や、オリバー・ウィリアムソン（2009年ノーベル経済学賞受賞）によって深耕されてきました。縁遠そうなノーベル経済学賞ですが、実は「なぜ会社は存在するのだろう」という身近で素朴な疑問を模索

2　ケネス・アローは、個人間での連携や調整のメリットを、個人の合理性を拡張できること、異なる才能や専門特化の利益を生かすこと、生産に必要な希少な資源を配分するためであるとしています。

3　「組織」の定義として最も広いものは、「2人以上の人による意識的に調整された活動や力のシステム」というものです。Chester I. Barnard (1971) The Functions of the Executive :30th Anniversary Edition, Harvard University Press を参照。

してきた成果に対しても与えられているのです。

さて、彼らが提示してきた手がかりの一つに、「取引コスト」という概念があります。財やサービスの取引には、生産コストとは別に取引そのものにコストが必要になります。市場で取引するほうが取引コストが安ければ、市場で、階層組織内でだれかにやってもらうほうが安ければ、階層組織の中で処理されることになります。取引コストには様々な分類の方法がありますが、ここでは三つの取引コストに分けて説明します。

第一は、マッチングにかかるコストです。どこにどのような商品やサービスがあり、自分のニーズにマッチしたものがあるかを探し出すコストです。金融商品、株などは、ある企業名と株価さえ分かれば欲しいものが見つかりますので、市場で容易にマッチングできます。しかし、デザイナーのスキルとなると、判断のために実績や作品、働きぶりなども知る必要があり、市場で取引するのは容易ではありません。この場合は、そうした人々を雇って、その人を周囲の人がよく知っている組織のほうが取引のコストは安くなるかもしれません。また、ある欲しい商品を見つけた後、注文し、契約する場合、決済手段、配送手段などの決定にもコストがかかります。こうした商品購入に付随する周辺サービスの選定と利用にもコストがかかります。

第二は、不確実性にかかるコストです。市場での取引成立後、実施内容の変更や金額などの事後修正が発生するようでは、うまく取引できません。このような場合、事業者は不確実性に対応するため、本来必要なコストよりもリスク分を上乗せして請求するでしょう。たとえばソフトウェア開発で、初期では明確に仕様を確定できない場合や、ユーザーの要望に応じて柔軟に変更する場合は、不確実性が高いといえます。こうした不確実性に関するコストがあまりに大きい場合には、外部から調達するよりも、階層組織内のメンバーにお願いしたほうが、取引コストを抑えることができます。

第三は、インセンティブに関するコストです。たとえば、市場でなんらかの業務を発注したとき、最初に受託した取引業者がその業務に不可欠な知識やノウハウを獲得すると、以降の発注では他の事業者よりも有利な立場に立つことになり、公平で効率的な調達が難しくなる場合があります。その事業者抜きにはスムーズに委託ができないことから、事業者が高い値段を提示してくる場合や、より優れているはずの別事業者から調達できない損失が、この機会主義に起因する取引コストとなります。こうして特定の事業者抜きに業務を行えず、市場からの競争的な調達が成立しない状況は「ホールドアップ」(hold-up)と呼ばれます。

この状況を防止するには、取引事業者にあらゆる情報を開示させ、きめ細かく報告させるなど、誠実に行動させる工夫が必要ですが、事業者をそこまで監督するのも手間がかかります。このような場合、市場で調達するよりも、人を雇って階層組織の中で業務を担ってもらえれば、追加のコストを回避できるようになります。階層組織スタッフであれば、上司の指示で、ノウハウを開示させたり、他のメンバーと交替させたりすることが容易にできるからです。市場で発注するか、階層組織の中で業務を行うかは、この三つの取引コストのどちらが安いかで決定されます。

互助機構としての企業

先述の取引コスト理論は、「市場か階層組織か」を選択するための強固な枠組みですが、大きな欠点もあります。それは、この理論が経営者の視点のみに基づき、働き手の視点が欠けているということです。独立したフリーランスとして働くよりも、企業に所属して働きたい、というインセンティブがある働き手もいます。

その理由の一つは、リスク回避です。[4] 自らが高いスキルを持っていたとしても、そのスキルに対する需要がずっと続くという保証はありません。また、様々な事情で、現状で提供しているサービスを提供できなくなるリスクもあります。ある研究によると、[5]独立した起業家と雇用労働者の収入を比較したところ、起業家は一部の高収入な層が存在する一方で、平均の収入は雇用労働者より低く、逆に雇用労働者の収入は一定の幅に納まっていることがわかりました。個人が市場で自由に取引を行う場合、大きく稼げる可能性もありますが、雇用労働者よりも低い収入になる可能性も高いということです。

こうしたリスクに対応する仕組みとして「雇用契約」が存在します。雇用契約は、一般的に職務内容や報酬の条件など、詳細には記載されていません。どのようなタスクを行えばいくら払うとは書かれていないということです。雇用契約は、雇用主の指示に従う限り、安定的な賃金を受け取ることができることを保証するという制度です。少しショッキングな表現かもしれませんが、前出のケネス・アローは、雇用契約により、従業員は「服従の意思」と「継続した参加の意思」を売っているのだと述べています。退職する自由はもちろんありますが、一定の範囲内で雇

4　ポール・ミルグロム、ジョン・ロバーツ（1997）『組織の経済学』、NTT出版を参照。

5　Eleanor W. Dillon and Christopher T. Stanton (2017) Self-employment Dynamics and the Returns to Entrepreneurship. NBER Working Paper Series 23168.

用主の指示に従うことで、一定の収入が保証されているのです。要するに、個人事業主として生きていくよりも、雇用されているほうが一定の収入が得られて安泰ということです。

安定以外にも組織で働くメリットがあります。組織は大人数のグループにおける意思決定を効率的に行う機能があります。たとえば、技術や需要の変化などに対応するため、新たな戦略について意思決定が必要な際に、完全に対等な個人の連携のみで相談していると、話し合いだけで時間が経ってしまいます。ある程度、戦略立案や意思決定に長けた人（通常は階層構造のより上位にいるという仮定があります）に任せることで、全体として効率的な意思決定が可能になります。そのため、権威に基づく組織は、ある特定の人が意思決定を行い、別の人（階層のより下位の構成員）がそれを実行するという特徴を持っているのです。[6]

さらに、同じ会社の社員であれば、共通言語や関心が共有されており、円滑にコミュニケーションを行うことが期待されます。組織経済学ではコミュニケーション・チャネルと呼ばれますが、現場の社員が情報を収集し、重要な情報を上層部に上げていく方法は、組織内で習得されることによって洗練され、効率化していきます。

どのような情報を重要なものとして、上司に伝えるか、どのような方法で伝えるかは、組織によって大きく異なります。ある会社では社長席で立ち話できるかもしれませんが、別の会社では、レポートにまとめて、係長、課長、部長と承認を経ながら社長にたどり着くところもあるでしょう。前出のアローは、こうした情報を利用する方法の習得は「取り戻せない投資」であるとしています。先輩社員や上司に教わって、その組織特有の情報の伝え方を習得するには投資が必要です。

いったん投資してしまえば、たくさん利用したほうがよりコストが下がることになります。組織においては、こうしたコミュニケーション・チャネルを共有し、効率的に情報を収集し、意思決定を集約することで迅速に行動できるようになるのです。

このように、階層組織で働くことで、個々人は直接リスクにさらされることなく、需要が少ない際にも一定の収入を受け取ることができ、連携している主体全員に関わる意思決定も迅速に行えるなどのメリットがあります。しかし、組織で働くことが本当にリスク回避になるのか、階層構造の上位者が本当に意思決定に長けているのかは必ずしも保証されていません。近年、

6　Kenneth J. Arrow (1974) The Limits of Organization, W.W.Norton.

大手家電メーカーが相次いで経営難に陥り、大規模なリストラを行ったことを考えると、組織で働くことが、リスクをゼロにするとか、意思決定を任せて安心ということでないのは明らかでしょう。

成熟した組織がもたらすデメリット

組織には様々なメリットがありますが、成熟した組織が、逆にイノベーションの阻害要因となる場合があります。

組織のメリットの一つは円滑な集団的意思決定であり、そのためにコミュニケーション・チャネルが洗練されることでした。コミュニケーション・チャネルは、その組織がどのように機能するかを規定する重要な要素であり、有形・無形の投資が必要になります。

参加者がその組織特有の手法を学び、使いこなせるようになればなるほど、コミュニケーションのコストは下がり、組織で働くことのメリットが生まれてきます。ところが、その組織特有のやり方は、偶然の経緯によって決まる部分が多分にあります。たまたま最初に手がけていた事業が重厚長大なインフラ開発だったとか、スピードが求められる出版事業だったとか、顧客との関係を重視する小売店だったといったことです。そうした初期の事業に最適化された仕組みが組織に浸透し、固定化することによって、時代の変化に対応できない、新事業が軌道に乗らないといったことが起きてしまいます。

アローは、組織の決まりごとはプライマリー・ファンクションによって決まるが、それがセカンダリー・ファンクションに適合しない場合、組織は機能しなくなると述べています。言い換えれば、創業当時の事業に最適化されたコミュニケーション・チャネルが設計され、それを組織全体に適用したことにより、新しい事業の発展を阻害することがあるのです。

白物家電で成功してきた大手家電メーカーが、コンシューマー向けプラットフォーム・ビジネスへの転換に失敗してきたことや、カスタマイズを主軸とするＩＴ企業が、パッケージソフトやクラウド事業、ネットサービスに進出しにくいことの背景にはこうした組織のコミュニケーション・チャネルの問題があります。今後、自動車会社がモビリティサービスに進出する際や、銀行がフィンテック事業に取り組む際にも同様の問題が出てくるでしょう。

企業が組織であることのメリットとしてきたコミュニケーション・チャネルの効率性は、変化の激しい時代には、イノベーションの阻害要因になってしまうのです。

テクノロジーによる取引コストの劇的な削減

市場に発注するための前述の取引コストは、過去数十年の間に、テクノロジーの発展によって劇的に低下してきました。たとえばアマゾンによって、欲しかった商品を簡単に見つけ出し、見知らぬ売り手であっても安心して買うことができます。支払いはワンクリックで指示し、クレジットカードなどを介して決済が行われます。もはや現金書留や小切手を送る必要もありません。商品を注文すれば、地球の裏側からでもあっという間に自宅に届きます。

こうしたITによる検索、決済、物流などの高度化は、マッチングの取引コストを劇的に削減してきました。取引コストは、取引における「フリクション」、すなわち摩擦と見ることもできますが、フリクションの低下によって、私たちはいつどこにいても、世界中の最適な売り手から欲しいものを手に入れることができるようになりました。

どんな業務を行えばよいか分からない、という不確実性のコストについても、改善しつつあります。たとえばソフトウェア開発では、仕様の決定方法や開発手法、委託する際のプログラム言語、モジュールのアーキテクチャ、プロジェクト管理手法とそのためのソフトウェアなどが「枯れた技術」となってくると、外部委託の不確実性は下がってきます。別の例では、顧客管理や営業管理などの業務の「型」ができあがってくれば、クラウドコンピューティングのような形で外部委託しやすくなります。また、「ＩａａＳ」(Infrastructure As A Service) や「ＰａａＳ」(Platform As A Service) のように、サービスから共通化できるインフラ部分だけを抜き出して、標準的なサービスを提供する方法も普及しています。

インセンティブに関する取引コストも、ここ数年で大きく削減する方法が発見されてきました。インセンティブに関するコストは、データの「見える化」や「評判のシステム」が削減に貢献しています。たとえばコールセンターの外部委託で、何件の問い合わせがあり、どのような回答をし、ユーザーの満足度がどの程度であったかをデジタル化し、発注元が把握できるようにすることで、受託者しか知り得ない情報を減らすことができます。

あるいは、ライドシェアのサービスで、どのようなルートを通ったか、ＧＰＳの記録を確認することで、ドライバーの行動を検証できます。こうした見える化は、機会主義的な行動を抑止する効果があります。機会主義的行動を回避する有効性を発揮しているのが、クチコミなどの「評判システム」です。クチコミ、レビュー、レーティングなどによって、階層組織が上司の権威で指示・監督しなくとも、自ら誠実にベストを尽くそうとする力が働きます。個人に業務を発注するクラウドソーシングや、独立した運転手からなるライドシェアも、同じ原理によって機会主義的行動を抑止し、市場での取引が成り立つようにしている一例です。

ライドシェアや宿泊などのシェアリング・エコノミーは、当初は、資源の有効活用という考え方が中心に語られていましたが、実際には、組織が担うプロフェッショナル・サービスを、個人が担うプロフェッショナル・サービスに転換するものなのです。こうしたインセンティブの問題は、デジタル化された市場取引における「信頼」をどう確保するかという問題であり、デジタル時代の最重要課題の一つとなっています。

インターネットによる個人のエンパワーメント

組織で働くことのメリットとして、意思決定を得意な人に任せることで、全員にかかわる意思決定を効率的に行える点を挙げました。これは、市場の動向や関連する各所で起きている重要な情報を収集し、全体像を把握することが、階層構造の上位にいなければ難しかった時代を前提としています。

しかしインターネットの登場以来、情報ははるかに自由に流通できるようになりました。以前にくらべれば、組織の上位者でなくとも、市場の動向や最新の技術、あるいは外部から来る脅威について情報を把握することが容易になっています。「情報は自由になりたがる」というのは著名な編集者、スチュワート・ブランドの言葉ですが、だれもが最新の情報にアクセスできるようになりつつあります。経営に大きな影響を与えうる技術やサービスの動向についても、組織の上位にいる管理者よりも、現場に近い若手社員の方が詳しいかもしれません。つまり、情報が民主化されて、だれもがアクセスできるようになり、個人が力を持ち始めたのです。

もちろん、組織の上位者でなければできない意思決定もあります。たとえば、ある部門のリソースを削って別の部門のスタッフを増やすといった意思決定は、組織の末端ではできません。また、経験を積んだ管理者であれば、最新の動向を長い歴史と文脈の中で評価できるかもしれません。しかし、相対的に「組織の上位者だから、より良い意思決定ができる」という必然性は弱くなっています。こうした中、組織内のコミュニケーション・チャネルが、上位者に情報を上げ、判断を仰ぐことを前提に設計されている場合、非効率を生む可能性があります。

また、20世紀後半から、経済全体がモノを生産するよりも、情報や知識を扱うものにシフトしてきました。そのため、工場や機械設備などの大規模な資本がなくても、知識さえあれば大企業と渡り合って重要な仕事を担うことができるようになってきています。少ない資本でもビジネスを始め、重要な価値を社会に提供することができるようになりました。

こうした時代においては、それぞれの経済主体が、自分がもっとも価値を提供できる方法を自ら考え、実践するほうが、資源の効率配分の観点で大きなメリットがあります。自らの強みを最大限に活かす方法を、個別に最適化することが可能になるのです。一般的に大規模な組織になるほど、最大公約数的な取り組みを優先するため、非効率になる部分が生まれてしまいます。もっと稼げる人が稼げずに、サポートが必要なところに手が回らないといったことがあります。近年、日本の伝統的な大企業が相次いで経営不振にあえぐ一方、若手の起業家による中小規模のベンチャー企業が活発に活動している背景には、より小さな規模の主体の方が自らの能力を最大限発揮しやすいという理由があります。

このような変化の圧力により、業務によっては、大きな組織という「枠」を通じて提供するよりも、スタートアップ企業や個人など、より小さな単位で、その業務に適したコミュニケーション・チャネルを作り、連携する方にメリットが出てきています。市場メカニズムがうまく働くのであれば、企業という「枠」の中で最大公約数的な戦略や人的資源管理を行うよりも、ずっと効率的に活動できるようになります。

もちろん、すべての組織が急に解体されるわけではありませんが、全体の方向性としては、情報技術は絶え間なく取引コストを削減しており、市場を通じて資源の最適配分を実現するよう働いているということを認識することが重要です。

プラットフォーム革命による組織の解体

取引コストの削減をもたらしてきた最大の要因は、プラットフォームの登場です。プラットフォームによって取引コストが下がり、情報が自由になり、様々な資源が手に入りやすくなったことで、小規模事業者や個人がエンパワーされるようになりました。しかしこのことと矛盾するように思えるかもしれませんが、その仲介を行うプラットフォームには、富が集中する傾向にあります。世界中どこにいても簡単にマッチングし、取引が行えるということであれば、グーグル、アマゾン、フェイスブック、アップルなど、それを仲介するプラットフォーム企業は莫大な手数料を得ることになります。

こうしたプラットフォーム企業の巨大化の背景には、ＩＴサービスの特徴のひとつである「ネットワーク効果」の原理があります。使う人が多ければ多いほど、そのサービスの価値が高まるというものです。フェイスブックでも、ＬＩＮＥでも、他のユーザーが多いほど、自分もそのＳＮＳを使うメリットが増加します。

経済主体の小規模化や分散化と、ネットワーク効果による富の集積は、一見すると矛盾しているように見えるかもしれません。しかし、これらはいずれもＩＴによる取引コストの削減がもたらしているものです。片方では分散化が進み、もう片方では富の集積がもたらされるのです。

分散化と集積が相反するからといって、力が打ち消しあって経済が今と同じ状態で維持されるというわけではありません。一方では、だれもが小規模事業者あるいは個人としても事業を始めやすくなっており、他方では新しい主体が手数料を集めることができるようにもなります。その過程で、様々なプレイヤーの関係が組み換えられていくでしょう。具体的にどのように組み換えられているのか、第3章以降で詳しく見ていきます。

現代は、こうした分散化と集積が同時に起こり、経済の組み換えが起きている時代なのです。

サービスの分解とデジタルによる再構築

ここまで述べてきたように、従来は企業という階層組織の中で、同僚と業務を連携させて社会に価値を提供してきましたが、その経済合理性は大きく変わりつつあります。個人や小規模な事業者がより低いコストで互いに連携しながら、サービスを提供することが容易になってきました。その結果、総花的にサービスを提供する大企業と比べて、個別のニーズに特化した特徴のある製品やサービスのほうが、より高い価値をもたらす場合が多くなります。

また、他の事業部としがらみがない分、アナログ中心で組み立てられていたサービスの一部を、デジタルで再構築することも容易になります。歴史を持った大企業だと、アナログで全体の業務が設計されており、様々な規程や、雇用と絡み合って、一部だけをデジタル化しようとしても、アナログ処理が残ってしまい、革新的なサービスが生まれないことがあります。これは既存業務

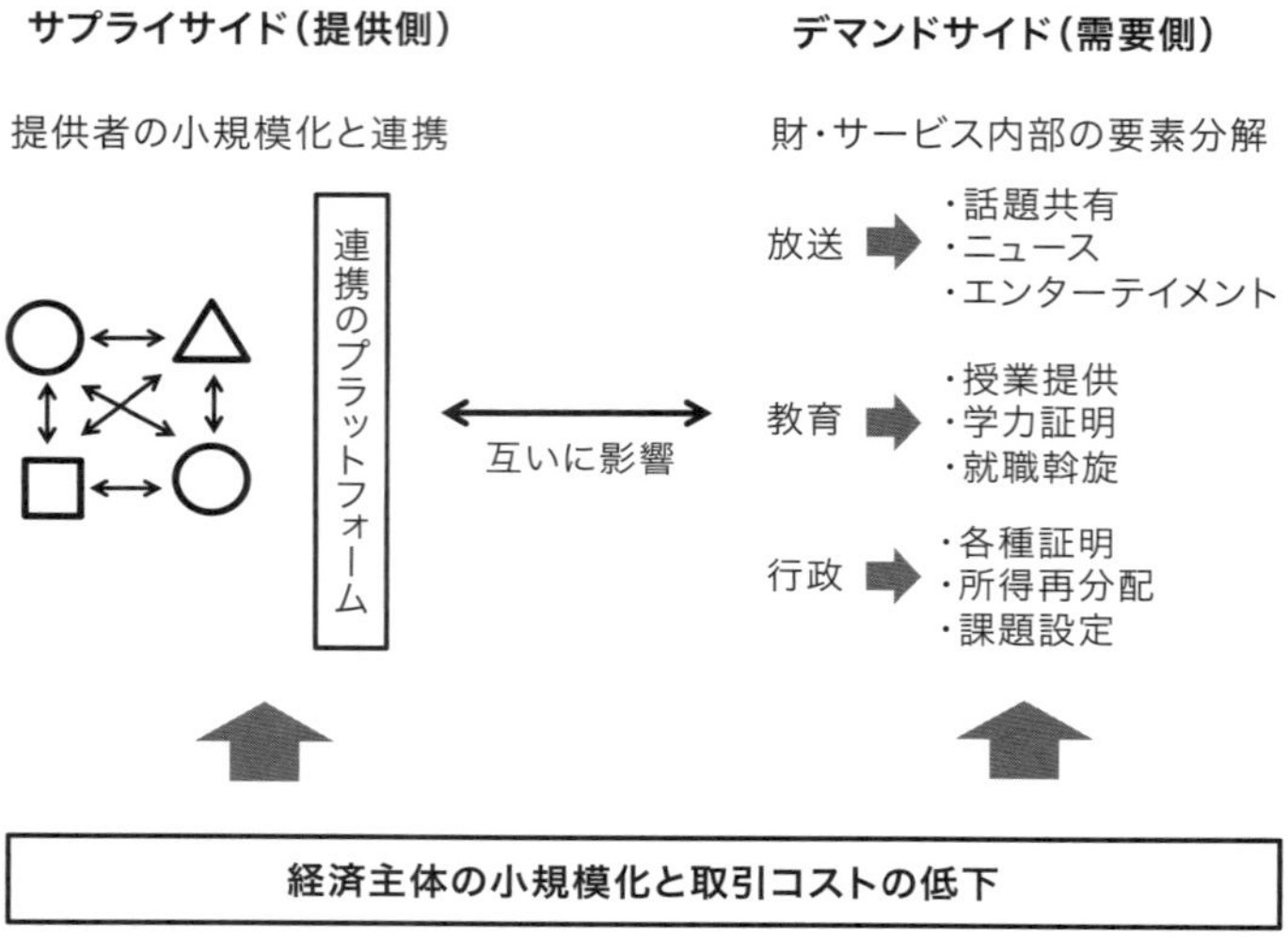

図 2-2　サプライサイドとデマンドサイドの分解

の脅威となるため、イノベーションが進まなくなる「イノベーションのジレンマ」と呼ばれる状態です。

しかし、これまでそのサービスを提供してこなかったスタートアップ企業は、過去のしがらみに関係なく、デジタルで既存の業務を再構築することができます。金融分野でいえば、数名のフィンテック企業が、数千人の社員を抱える大銀行でもできなかった投資ツールやファイナンスツールを提供し始めています。従来は窓口で、銀行員が対応していたサービスを、スマートフォンアプリで再構築しているのです。こうして、提供主体がより小規模化、個別化していくことは、サービスそのものを細分化し、再構築することにもつながっていきます。これを概念的に示したものが図2-2です。

たとえば、テレビに対して、共通の話題を得て人と共有したい、新しいニュースを知りたい、お笑いなどのエンターテイメントを楽しみたいというニーズがありました。従来は放送局が一括してこうしたニーズを充足させてきましたが、次第に、共通の話題を共有する機能はSNS、新しいニュースを知る機能はネットニュース、エンターテイメントを楽しむのは動画サイトといった形で、それぞれ個別に分解して提供されるようになってきています。

また、教育機関では、個別の授業を提供する機能、学力や能力を証明する機能、就職を斡旋する機能などがパッケージ化されていました。しかし、徐々に授業はMOOCs（Massive open online course の略、だれでも受講できるオンラインの授業）をはじめとする教育コンテンツにより提供され始めています。大学入試等はTOEICやTOEFLなどの外部の試験制度を導入する動きがあります。就職斡旋については、かなり以前から民間の多様な就職情報サービスから提供されています。

行政サービスも、要素を分解すれば住所や家族構成を証明する機能、所得を再分配する機能、そして、公的な課題を設定し、優先順位を付ける機能などがあります。それぞれの機能を個別にみていくと、住所や家族構成を証明する機能は、ブロックチェーン技術で代替できるかもしれません。所得再分配の機能は、家族構成や所得を証明する機能と連携できれば、保険をはじめとした金融機能でも実現できそうです。金融業界では近年オープンAPIと呼ばれる取り組みが急速に進み、企業や業界の垣根を超えて情報をシームレスに連携させる動きが進んでいるので、公的な情報と金融の連携もないとはいえません。また、公的な課題を発見し、優先順位付けして解決に向けて行動する際には、生活者である市民の方が得意である可能性もあります。これは、Code for Japanなどの活動で、市民エンジニアの方々がすでに取り組んでいます。

このように細分化して取り組めば、デジタルで業務を作り直すうえでもやりやすく、その業務に適したコミュニケーション・チャネルで行えるようになります。さらに、細分化した業務同士を新たに組み合わせることで新しいビジネスモデルを構築することができるようになります。

具体的にどのようにサービスを分解して再構築するか、そこからいかに範囲を拡大していけるかについては、第3章で詳しくみていきます。

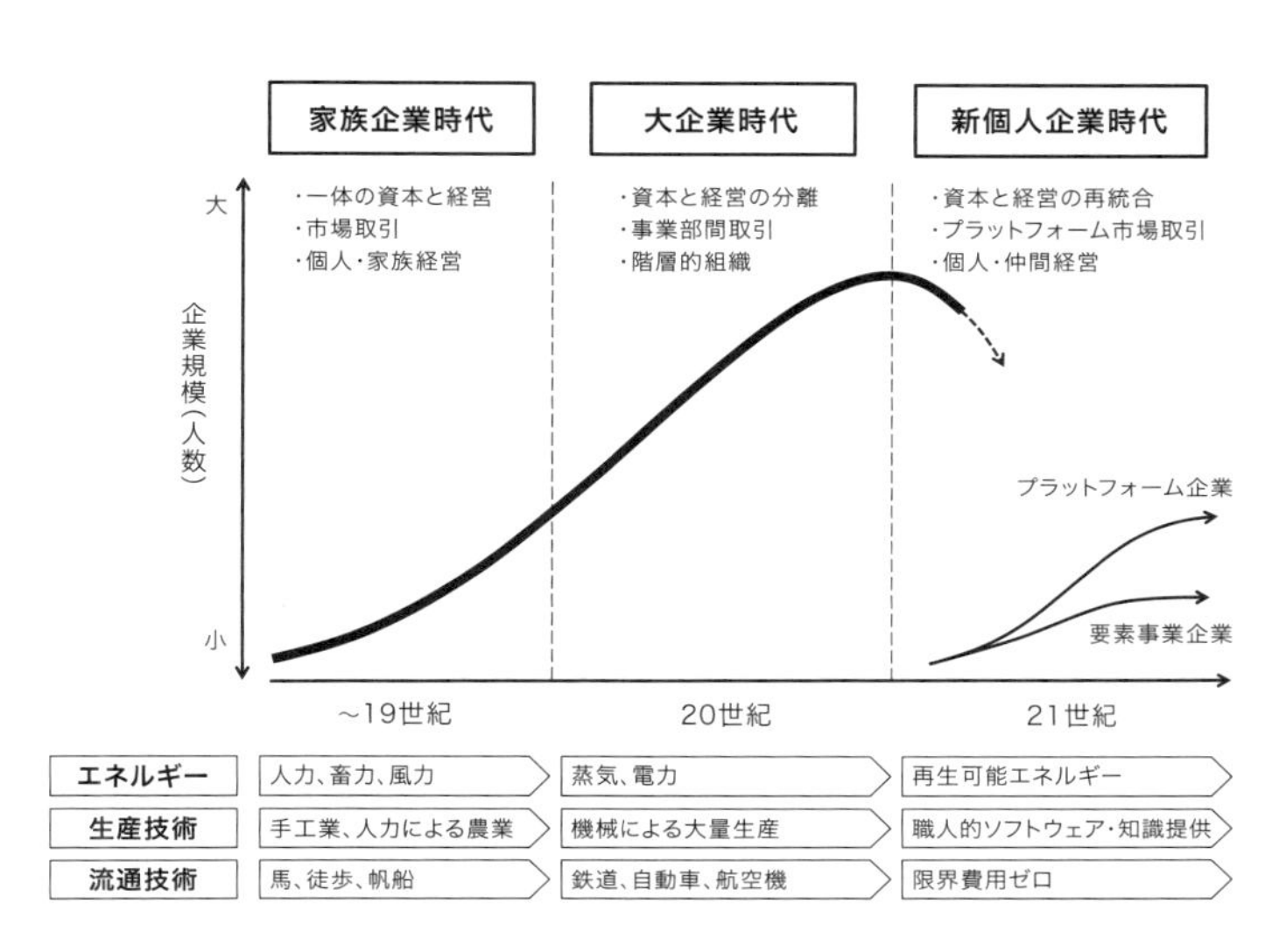

図 2-3 経営史に見るデフレーミング時代の位置付け

新個人経営時代と「神の見えざる手」の復権

ここまでの議論を、経営の歴史という観点から再整理したいと思います。大企業がどのように成立してきたかは、経営史の分野で研究が深められてきました。ここでは、ハーバード大学のチャンドラー教授の研究をベースとして、これまでの歴史と、デフレーミングの意味合いを整理しましょう。図2-3は、1800年以降の経営の大きな流れを図示した[7]ものです。

7 アルフレッド・D・チャンドラー Jr.(1979)「経営者の時代 アメリカ産業における近代企業の成立」東洋経済新報社を参照し筆者作成。

19世紀までは、東インド会社などいくつかの例外を除いては、ごく小規模な家族経営や個人のパートナーシップに基づく経営が行われていました。図の下の方に当時のエネルギー、生産技術、流通技術を示しています。この時代に利用できたエネルギーは風力や畜力、徒歩などの自然エネルギーのみであり、生産技術はおもに個人の手仕事による工業や農業、そして流通は馬や徒歩、帆船の利用でした。こうした時代には生産にも流通にも技術的な制約があり、大量に物を生産して販売するということは行われず、個人経営を中心に生産を行い、狭い地理的範囲での取引が主な経済だったのです。

ところが、産業革命後、米国では1840年ごろから大変化が起きます。その一つが鉄道網の整備です。遠く離れたところへ商品を運べるようになったことにより、大量に物を生産して販売することが効率的に行えるようになります。エネルギーは蒸気や電力に変換されました。技術面では、機械を用いた大量生産が可能となり、生産物を鉄道や自動車、船舶で遠隔地へ輸送するようになったのです。

こうなると、それまでの個人や家族単位の経営ではとても対応できません。生産設備には大量の資本が必要になり、資本家や金融機関が資本を提供するようになります。一方で、組織は大きくなり、複数の事業部を持つ巨大企業が生まれてきます。その管理は、資本家ではなく、雇われた専門の経営者たちが担いました。資本と経営が分離されたのです。チャンドラー教授は、経営者が複数事業部間の取引をコーディネートする様子を、「Ｖｉｓｉｂｌｅ Ｈａｎｄ」、すなわち見える手と表現しました。それまでアダム・スミスが表現したように、「神の見えざる手」によって市場で取引されていたものを、管理者の手によって調整するようになったのです。こうして大企業時代が完成して今日まで続いてきました。

ちなみに、日本でも江戸時代までは個人経営の商店や農業が中心で、大規模化したものは呉服問屋の三井、銅山経営の住友、両替商の鴻池など例外的でした。明治時代になり１８８５年の段階でも人口の７割は農業従事者であり、工業も基本的に家内工業の形態をとっていました。19世紀末ごろから、紡績などの大規模機械の導入にともなって徐々に現代の企業の形ができ上がっていったのです。[8]

ところが、２０００年ごろからこの状況は大きく変わります。まず、経済における重要な価値

8　ジェレミー・リフキン（2015）『限界費用ゼロ社会〈モノのインターネット〉と共有型経済の台頭』ＮＨＫ出版。

の中心が、工業製品などの物的な製品から、ソフトウェアや情報などに変わってきました。こうした無形資産は、個人に属する高度な知識によって職人的に生み出されます。また、その複製と流通に大規模な設備や鉄道網は必要なく、Ｗｅｂ上に置くことや、電子メールに添付するだけで実現することになりました。知識の生産は個人に立脚して行われ、その複製や流通には大してコストがかからなくなったのです。「限界費用ゼロ社会」とも呼ばれますが[9]、小さい主体でも無限にサービスを展開することができるようになりました。

その結果、少ない従業員数でも世界中に価値を提供することができるようになったのです。グーグルにせよ、アップルにせよ、創業当初の数名しか従業員がいなかった時代でも、世界に通用するサービスを作ることができました。それと同時に、大企業の経営者ではなく、プラットフォームを介することで、個人も市場で取引を行えるようになってきたのです。「神の見えざる手」の復権ともいえるでしょう。こうした時代の創業には大した資本は必要ないため、資本と経営も再統合し、個人個人が資本を出して経営も担う体制に戻ってきています。これは、家族企業時代、大企業時代に続く、「新個人経営の時代」に入ったとみることができます。

その後のシナリオは二通りに分かれます。一つは、個人経営で、小規模の事業主体によるサー

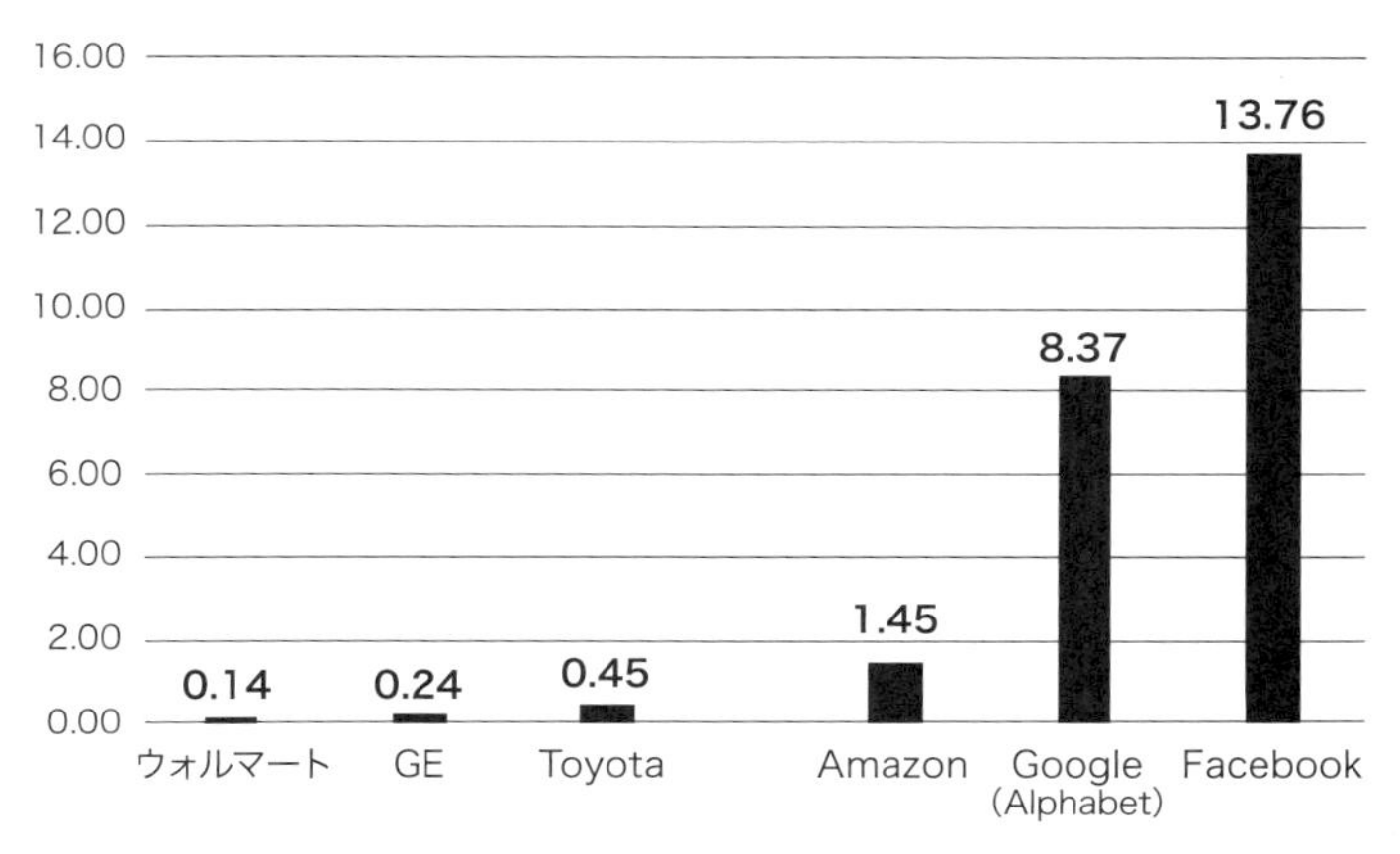

図 2-4　従業員一人あたりの企業時価総額（単位：100 万ドル）

ビスの提供です。もう一つは、それらを仲介するプラットフォーム企業です。プラットフォーム企業は、個人間の取引を円滑に行うための様々な情報処理や、信用の仲介（第6章を参照）を行う必要があるため、比較的規模が大きくなる傾向にあります。もちろん、従来の製造業ほど従業員数が多くなることはありません。デジタルの時代では、少ない従業員数で多くの顧客にサービスを提供し、莫大な価値を生み出すことができるからです。

図2-4[10]をみると、プラットフォーム企業が従来型の企業よりもかなり少ない人員で、はるかに大きな企業価値を生んでいることがわかります。

9　ジェレミー・リフキン（2015）『限界費用ゼロ社会〈モノのインターネット〉と共有型経済の台頭』ＮＨＫ出版。

10　データ出所：Yahoo! Finance。２０１８年11月12日時点のデータ。

このようにデフレーミングの原則は、19世紀以来続いてきた、巨大化した階層的組織の時代が終わりつつあることを知らせます。小規模な主体が知識をもとに小さい限界コストで世界的なサービスを展開し、外部の主体と連携していく形へと転換するのです。デフレーミングは、こうした経営と組織における大きな転換点を示しているのです。

第二部　デフレーミングのプロセス

第3章　分解と組み換え

急成長する中国のITサービスとデフレーミング

本章から、いよいよデフレーミングの中身を具体的な事例とともに見ていくことにします。

デフレーミングの第一の要素は「分解と組み換え」です。これは、サービスの「枠」を超えて要素に特化し、それらの要素を組み直すということです。従来のサービスの枠を取り除いて客観的な視点からいったん分解し、中身の要素を新たに組み直し、範囲の経済を追求したサービスを再構築します。

こうした分解と組み換えがもっとも進んでいるのが、現在の中国です。中国ではモバイルペイメントやシェアリング・エコノミーなど、ITを活用したサービスが猛烈なスピードと規模感で普及しつつあります。ニューリテールと呼ばれている小売、タクシーやカーシェアリングなどのモビリティ、食事のデリバリーなど、社会の様々な側面でイノベーションが進んでいます。そのサービスの中身を見ていくと、実はデフレーミングの原則にしたがっていることがわかるのです。中国の最新ITサービスにおけるデフレーミングの事例を見たうえで、その法則を探っていきます。

中国の代表的なIT企業に、テンセントという企業があります。世界の時価総額ランキングで第7位に入る巨大企業です。[11]中国南部の深圳で創業された企業ですが、もともとは「QQ」というチャットシステムの提供を主業務としていました。そこから「QQゲーム」というソーシャルゲームを展開し、またブログなどを提供していました。こうしたソーシャルネットワーク的な強みを生かし、WeChat（微信）というメッセージングアプリが生まれます。WeChat自体は、現在のフェイスブックメッセンジャーやLINEと同じようなコミュニケーションをサポートするアプリで、スマートフォン上で動作します。

そこから、今度はWeChat Payというペイメントサービスに展開します。WeChatのユーザー間であれば、手数料ゼロで送金でき、友達との間での送金や、割り勘も簡単にできま

11 テンセントの時価総額ランキング（2018年第4四半期）Wikipediaより

す。今では大抵のお店やタクシー、券売機などでもＷｅＣｈａｔ Ｐａｙで支払うことができます。

こうしてテンセントは、メッセージングアプリという限定された要素から出発し、そこにペイメント機能を付け加えて、大規模な決済基盤を確立してきました。さらに、大規模に普及したペイメントを武器に、現在は「微店」というオンラインショッピングモールも提供しています。

ＱＲコードで決済する。深圳の駅の切符販売機にて（筆者撮影）

従来のコミュニケーションサービスの中でも「ソーシャルネットワークのメッセージング」に分解して特化したサービスを提供し、さらにオンライン上の送金という要素を加え、そこからショッピングモールへと、範囲の経済を拡大させていることがわかります。

同様に要素分解から範囲の経済へと展開している事例を、テンセントのライバルであるアリババにも見ることができます。アリババも世界の時価総額ランキングで8位に入る巨大企業ですが[12]、もともとB2Bのオンライン商取引のサービスでした（Alibaba.com）。これは小売店が製造業者から大量に商品を仕入れる際に使うプラットフォームです。まずB2Bに特化したサービスから出発してから、今度はタオバオ（Taobao.com）というC2Cサービスに展開します。これはメルカリのように、個人間で売買できるサービスです。

さらには、天猫（テンマオ、Tmall）というサイトを提供しました。これは楽天のように、様々なお店が出店し、そこから消費者が気に入った商品を購入することのできるB2Cのサービスです。このように、B2Bに特化したサービスから出発し、C2C、B2Cへと範囲を広げていきました。

一方、アリババ等で商取引を行うためには独特の決済が必要です。この決済は「アリペイ」として知られている機能ですが、アリババが商取引のプラットフォームとして普及した背景には、このアリペイの優れたモデルがありました。今となっては当たり前に思えますが、売り手と買い

12　アリババの時価総額ランキング（2018年第4四半期）Wikipediaより

手がお互いに信頼できない状況下で、いかに取引を円滑に行えるかを工夫したサービスです。

オンライン上で売買が成立し、買い手が購入代金を先に振り込んだ場合、売り手が商品を発送しない可能性があります。一方、後払いでは、買い手が代金を払わないかもしれません。アリペイのエスクローサービスは、こうした信頼の欠如した状態を解決するため、いったん代金をアリペイが預かり、買い手が商品に満足して初めて売り手に振り込まれるというサービスを提供しました。こうして、見知らぬ者同士の信頼を補完することに成功し、商取引プラットフォームとして成長したのです。

このアリペイという決済システムには思わぬ副産物がありました。アリペイの中で大量の決済が行われ、また資金を預かることにより、その過程で様々な機能を付加するチャンスを得たのです。たとえば、個人間の送金に展開することができます。リアル店舗と個人間の支払いにも使用できます。やがてアリペイは一般の人が使うペイメントシステムとして普及していきました。今や、アリペイとＷｅＣｈａｔ Ｐａｙはいずれも中国における決済手段として定着しており、両者のアプリを使用してＱＲコードを読み取って支払う光景は、街の至る所で見ることができます。

決済手段から芝麻信用への展開

アリペイのストーリーはここで終わりません。取引の決済を掌握すると、だれがどこで、どのような経済活動をしているのかが手に取るようにわかります。つまりある人の電気代や水道代は遅れなく払われているか、どんな人とどれくらいの金額をやりとりしているか、何にお金を使っているのかなどなど。一人ひとりのユーザーがどのくらいの経済力を持ち、返済能力があるのか、抽象的にいえば信用度があるかがわかってきます。決済基盤だったものが、今や信用情報の基盤へと変化するのです。こうして「芝麻信用」（ジーマ信用：個人信用の評価）が生まれました。

今やアリペイを使っているユーザーは、利用状況に応じて自動的に芝麻信用のスコアが計算されます。スコアに応じて、ホテルのデポジットが無料になったり、優待サービスを受けられたり、社会の様々な場面で自分の信用度を示してメリットを享受することができるようになりました。筆者が宿泊した上海のホテルでも、芝麻信用のスコアに応じてデポジットを免除するサービスが行われていました。もっとも、信用度のスコアが低い人にとってはあまりメリットがないかもしれません。

現在、アリペイやそれを活用した芝麻信用のサービスは、別会社の「アント・フィナンシャル」に移管されています。アリババに統合されていた「アリペイ」というサービスは、決済サービスとして独立した後、新たな信用基盤としてのサービスに再構築され、そこから再度、範囲の経済を追求するというサイクルに入っているのです。

アリペイは、アリババのみならず社会の様々な支払いに使えるようになりました。今や5億人が利用しているといわれています。[13] そこで支払いすればするほど、自分の信用スコアが上がっていくため、ユーザーにも様々な場面で使いたいというインセンティブが生まれます。

この事例をみるとアリババ内のペイメントからあらゆる支払いへ、さらに信用情報基盤へと、分解された要素からスタートして範囲の経済を拡大させていったことがわかります。現在は、ライバルの「京東」(ジンドン)が提供している京東小白信用というシステムも登場しています。[14] 京東小白信用も、スコアが高ければデポジットなしで無人のレンタルおもちゃを借りることができるといったサービスに使われています。

このように、急成長を遂げている中国のＩＴ企業は、「分解と組み換え」によってビジネスモデルと産業構造を変革してきたのです。

デフレーミングによる産業構造の組み換え

こうした分解と組み換えにはどのような法則性があるのでしょうか。以下ではその共通的な思考法を提示していきたいと思います。

「分解」については、ＩＴ業界では長い歴史があります。長年にわたりＩＴ産業を研究しているマサチューセッツ工科大学のマイケル・クスマノ教授は、著書『ストラテジー・ルールズ』で、コンピュータのハードウェアに関する産業構造が縦から横へと変わっていく姿を描いています。それまで、ＩＢＭやＤＥＣなどのコンピュータメーカーが、ＣＰＵからＯＳ、ソフトウェアまでのすべてを開発し、流通・小売りまで垂直統合で提供していました。この状況に対して、ソフトウェアの重要性にいち早く気づいたビル・ゲイツは、メーカーを横串で見て、すべてのメーカーに同じソフトウェアを提供するモデルを考えます。流通・小売り、ＣＰＵ、ＯＳ、ビジネスソフトウェア、ハードウェアなど「横のレイヤー」別に、各社が押さえていく横軸の産業構造に変化

13 https://www.nikkei.com/article/DGXMZO24223130U7A201C1EE9000/.
14 http://credit.jd.com/.

していきました。

つまり、ＣＰＵならＣＰＵ、ＯＳならＯＳというように、得意なところが特化して開発し、それを使うほうが経済合理性があるという判断です。メーカーが垂直統合したほうが、製品間の相互接続性は確保できますが、この時代は、「モジュール化」と呼ばれるコンピュータ内部の仕様の標準化が進んでいたために、縦から横への産業構造の変化が一気に進んだのです。

また、１９９０年代からはソフトウェアの開発体制においても「オフショア・アウトソーシング」という形で業務の分解が進んでいます。たとえばソフトウェア開発の一部のプロセスを、中国、インド、ベトナムなど人件費が安く人材が豊富な国々の企業に、アウトソーシングする方法です。コールセンターの運営、データ入力、経理事務など、人手のかかる業務も丸ごと人件費の安い国々にアウトソーシングするＢＰＯ（ビジネス・プロセス・アウトソーシング）も盛んに行われてきました。ただし、「アウトソーシング」はあくまでも受発注の関係であり、発注者が細かな決定権限を持つという点で、従来の階層構造の組織の延長と捉えることができます。

その後、クラウドコンピューティングという形で、経理、営業事務のためのＩＴシステムや、その一部のＩＴインフラなどについて第三者のサービスを使うという流れもあり、縦横無尽に業務を切り出して、外部委託するという流れが続いています。筆者の前著『Reweaving the Economy: How IT affects the borders of country and organization』（邦訳：『経済の編み直し：ＩＴはどのように国家や組織の境界に影響を与えているか』）は、こうしたアウトソーシングやクラウドコンピューティングが日本経済に与える影響を分析したものでした。

２０００年代後半からは、クラウドソーシング（Crowdsourcing）という形で、デザイン、データ入力、翻訳、ソフトウェア開発などを個人に発注する形態が登場し、基本的な構造は従来のアウトソーシングと変わらないものの、その主体が極限まで小規模化し、とうとう事業主体として個人が仕事を受託するようになったのです。

デジタルファーストによる個別要素の再構成

これまでは、コンピュータのハードウェアの部品や、既存の企業内の職務分担といった枠の中で組み換えが進んできました。これからはデジタルの力で、業界を越え、より細かい単位で業務を分解し、組み換えることが可能です。

たとえば大学などの教育機関が提供するサービスは、授業、サークル、学力の証明、就職斡旋、コミュニティなど多岐にわたります。銀行であれば、預金、送金、ローン、投資、信用情報の提供などが含まれています。書籍一つをとっても、読者が買う理由は、事例を得るためだったり、純粋な愉しみのためだったり、データが欲しい、ある著者の考察が知りたい、参考となる情報が欲しいなど、様々な目的が内包されています（図3-1）。

デフレーミングの原則に基づけば、従来の枠に内包されていた個別要素を取り出して、デジタルファーストなサービスとして再構築することができます。デジタルファーストとは、簡単にいえば、ほぼすべての要素がデジタルで統合されたサービスのことです。具体的にはユーザー認証から、決済、履歴管理、レシート発行、デリバリー管理、アフターサービスまで、すべてのプロセスをデジタルで完結することです。デリバリーや移動、製造など物理的な要素がゼロになるわけではありませんが、そのための情報管理はすべてデジタルで行うことができるはずです。途中で書類を封筒に入れて送ったり、店舗に出向いたりすることなく、完結するよう設計する必要があります。

もう一つのデジタルファーストの要素は、個人との紐づけです。不特定多数のマスマーケット

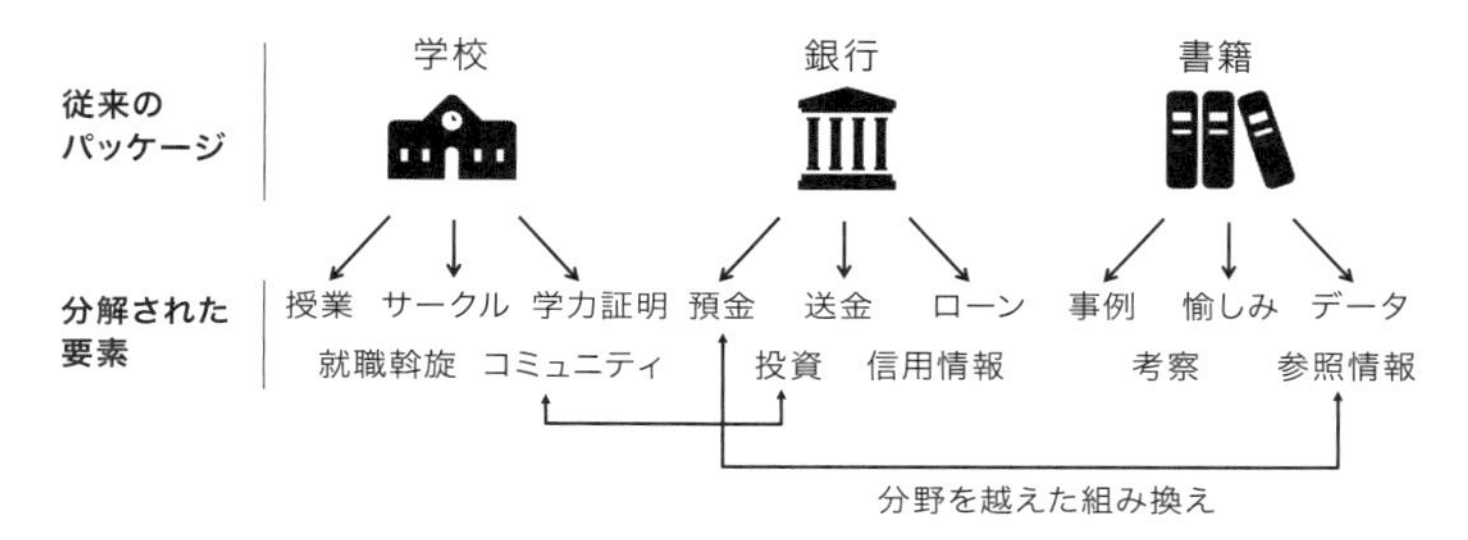

図 3-1　サービスの要素分解

向けのサービスではなく、最初からだれに対するサービスなのかを把握しながらサービスを提供することになります。個人との紐づけには、たとえばスマートフォンへのアプリのインストール、SMS認証、メールアドレス登録、氏名登録、クレジットカードや銀行口座登録など、様々なものがあり、手法によって個人との紐づけの度合いも変わってきます。

パッケージ化されていたサービス全体をデジタル化するのではなく、個別要素のみを対象とするのは、従来のパッケージの「枠」が、アナログ時代の事情によって規定されていたため、最適の組み合わせとは限らないからです。また、従来のサービスはアナログファーストに設計されており、アナログな要素が互いに絡み合っているため、どこか一つだけをデジタルに組み直すことが難しいという問題もあります。そのため、従来とはまったく異なるプレイヤーが、一つの要素をデジタルファーストで作り直し、現代のユーザーが期待する体験にマッチしたサービスとして提供するほうが、革新的なサービスを素早く提供することができるのです。

「範囲の経済」に基づく成長戦略

それでは、新しいサービスは細分化された小さな範囲だけに留まるしかないのでしょうか。決してそうではありません。新しい考え方で規模の大きなサービスを再構築することが可能です。デフレーミング時代におけるビジネス戦略を考える上で、欠かせない概念の一つが「範囲の経済」です。

一般的に「規模の経済」は、同じものを大量に生産、提供することで、平均の生産コストを下げるという考え方です。「範囲の経済」とは、多様なバラエティある商品やサービスを提供する際に、共通化できるところがあるために、全体として平均のコストを下げることができる、というものです。

デフレーミングにおいては、要素の分解からスタートして、いかにビジネスとして成長させるかが重要ですが、そこでは「範囲の経済」が重要になります。分解から範囲の経済に至る流れを

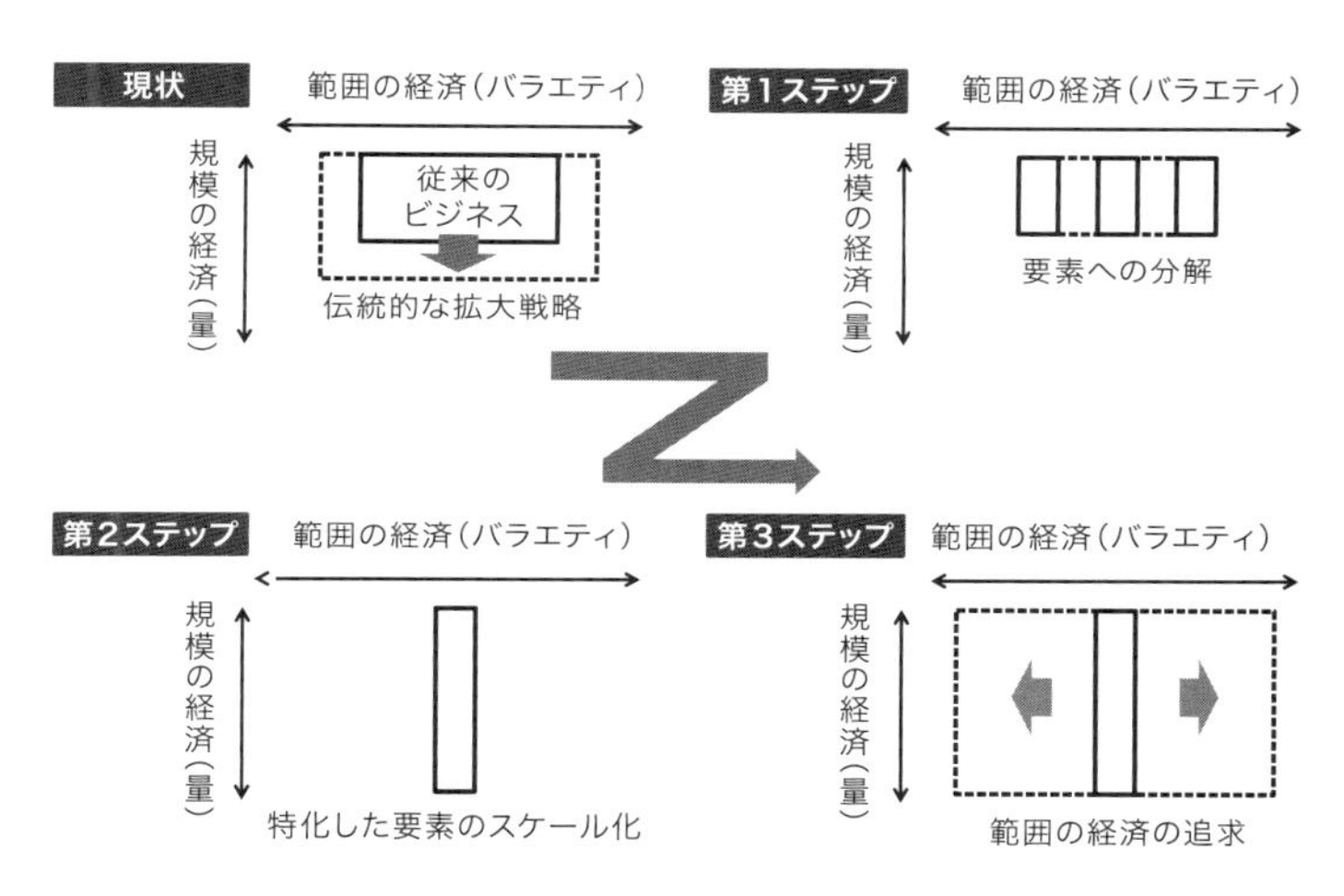

図 3-2　「分解と組み換え」のステップ

概念化したものが図3-2です。これまでのビジネスモデル（左上）では、現状に対して範囲と規模を少しずつ拡大しようというのが基本的な成長戦略でした。デフレーミング時代においては、3つのステップで「分解と組み換え」を行います。

現状（左上）に対して、まず第1ステップ（右上）で、既存の業務やサービスをバラバラに要素分解します。小売店であれば、商品の選定、陳列、決済、広告、配送などの要素に分解することができるでしょう。物流であれば、実際の輸送、ロジスティクス調整、受注管理、保険、輸出入管理など様々な要素がありまます。こうした要素をまずいったんバラバラに分解してみるのがこのステップです。

第2ステップ（左下）では、分解された要素の中から、自分たちが得意とするもの、テクノロジーで最も飛躍的に改善できるものを選び、そこに特化してサービスを提供します。範囲はぐっと絞った代わりに、そのニッチなサービスに関してはシェアを追求します。モバイルペイメントだけならその市場でナンバーワンを目指すといった具合です。

第3ステップ（右下）では、その特化した要素をテコにして、範囲を拡大していきます。モバイルペイメントを軸として、物販、ソーシャル、モビリティなどに展開していくイメージです。あるいは、学歴証明からスタートして、転職サービスや教育コンテンツサービスを展開していきます。

ここで重要なポイントは、最初にスタートした分野とはまったく異なる分野のサービス要素と組み合わせることもあり得るということです。前出の中国企業テンセントは、チャットという通信業界に属していたサービスや、ソーシャルゲームというエンターテイメント産業からスタートしました。そこにペイメントが加わり、金融分野の要素と融合したといえます。さらに、「ミニプログラム」というプラットフォームによって、クラウドサービスの分野に進展しています。

アリババも同様で、Ｂ２Ｂ市場からＣ２Ｃ市場へ、そしてアリペイという金融事業、さらに芝麻信用という信用情報提供サービスへと進化しています。デジタルファーストで組み換えていけば、従来の業界の区切りを乗り越えて、他業界の要素でも積極的に組み合わせることができるのです。

こうして、要素の分解、要素への特化と規模の拡大、そして範囲の経済という流れで、サービスの要素を再構築しながら、企業の成長をもたらすことができるようになるのです。ここで重要なことは、第1ステップで分解した際に、デジタルファーストで業務を再構築することです。

たとえば銀行口座を開設する際に、必要な公的書類を電子的に取り寄せて紙で印刷して提出する、というサービスを提供しても、ユーザーにとってプラスアルファの利便性は大きくありません。行政機関が持つ証明情報を、口座開設をする際に、それを必要としている金融機関に対して直接送信できれば、紙の出番はなくなります。これをスマートフォン上の簡単な処理だけでできるようになれば、ユーザーの利便性は飛躍的に向上し、切り出された機能だけでも大きく普及する可能性が出てきます。さらにこの情報を本人同意のもとに送信するという機能を、不動産会社向け、企業登記向け、就職サービス向け、というように横展開することで、範囲の経済を実現していくことができます。また、逆に金融機関が持つ信用情報を、本人同意のもとに航空会社やホテルなどに送信し、信用情報に応じた割引などを受けるといったサービスに展開することも可能です。

あるいは、遊ぶ仲間を見つけるというシーンを考えてみましょう。スキー、キャンプ、ゴルフなど、仲間と一緒の方が楽しいアクティビティはたくさんあります。一方で、予定が合わない、同じアクティビティをする人が周囲にいない場合もあるかもしれません。ゴルフなどでは、すでに一人で予約して、初見の人と組み合わせるサービスが提供されていますが、無作為に組み合わされた人と気が合うとは限りません。

結婚情報サービスなどでは、任意の二人の意気投合度合いを分析するためのデータが豊富に揃っているはずです。こうしたデータを活用し、人工知能で分析すれば、どのような属性や志向を持っている人であれば気が合いやすく、初対面でもアクティビティを楽しめるのかを判定することも可能でしょう。ＡＩで分析した「意気投合度合い判定モデル」を応用し、レジャーや飲み会のマッチングサービスにも展開することができるかもしれません。

デジタルファーストで再構築された個別要素によって大量のユーザーを獲得し、そこから範囲を広げていくことが重要です。こうして第3ステップまで進んだ時には、単純に従来型のサービスを拡大していた時（左上）とは、まったく異なるデジタルファーストなサービスとして事業が再構成されていることになります。

インスタグラムによるソーシャルコマースへの展開

「分解と組み換え」によるビジネスモデルの展開や産業構造の変革は、冒頭に紹介したテンセント、アリババ以外にも急速に増えています。

たとえば中国のクチコミアプリ「小紅書」（ＲＥＤ）は２０１３年の創業で商品のクチコミなどをスマートフォンアプリ上にシェアするサービスを提供していました。ユーザー数は２０１８年初頭の段階で、７０００万人以上とされています。[15] 小紅書は、商品の使い方や感想、あるいは日々の出来事などをシェアするとともに、ソーシャルネットワークの機能を備え、気に入ったユ

15 https://www.sankeibiz.jp/business/news/180119/prl1801191802119-n1.htm.

ーザーの投稿をフォローすることができます。

だんだんとクチコミだけでなく、そこで取り上げられている商品を買いたいという要望が増え、2014年から、実際にモノを買える機能も追加されました。[16] これによって、「小紅書」は「ソーシャルコマース」という新しいアプリの分野を開拓したことになります。

同様の機能は2017年からインスタグラムでも採用されています。インスタグラムはもともと写真を投稿してシェアするアプリですが、最近ではお店が商品の写真を掲載したり、インフルエンサーと呼ばれる芸能人や影響力のある一般人が、商品の紹介を目的として投稿したりする場合も増えています。写真をシェアしてコメントを付け合うというサービスが、商品の宣伝・広告プラットフォームへと変わってきました。

そこで、インスタグラムは、投稿された写真に写っている商品をそのまま買えるようにする「Instagram ショッピング」というサービスを開始したのです。写真をシェアするだけのサービスから、商取引まで範囲を拡大したことになります。

これらのソーシャルコマースの事例でわかることは、当初は「クチコミ」や「写真のシェア」という極めて小さな範囲で特化したサービスを提供していたものが、一定規模のユーザーベースを獲得することで、経済範囲を広げていく下地をつくれるということです。巨大なユーザーを獲得するにつれて影響力を持ち、商取引のプラットフォームへと拡大できるようになりました。「小紅書」はクチコミから商取引へと、インスタグラムは写真の共有から広告宣伝のプラットフォームへ、そして商取引の場へと展開しています。ニッチな要素であっても、世界中のユーザーを相手に一定の規模に到達すれば、範囲の経済へと展開する準備が整うということです。

デリバリープラットフォーム「美団」のデフレーミング

中国におけるITイノベーションの推進は目を見張るものがあります。その中でも特に興味深いのは、デリバリーに強みを持ち、eコマースのプラットフォームを形成する「美団」です。

先述のテンセントとアリババは、チャットやペイメント、eコマースなど、おもにスマートフ

16 https://www.atpress.ne.jp/news/147785

ォンの中で圧倒的な存在感を放つのに対して、「美団」は、リアルに街中でも存在感を放っています。上海でも杭州でも深圳でも、至る所に「美団」のジャンパーを着た男性が、電動スクーターで荷物を運んでいる光景を目にすることができるからです。

「美団」はもともとクチコミサイトからはじまったサービスで、飲食店の評判を書き込むサービスでしたが、ここからお店のクーポンを売るサイトに発展しました。この段階では、日本での「食べログ」と「ホットペッパー」を合わせたようなものでしょう。

街角で見かける「美団」の配送員

やがて、お店の食事をスマートフォンアプリから注文する（あるいはクーポンを買う）と、配送員がお店に取りに行き、自宅など指定の場所まで運んでくれるというサービスへ展開しました。およそ30分から1時間ほどで運んでくれます。自宅から一歩も出なくても、買い物、飲食ができるというわけです。配送は、電動スクーターに乗った配送員が運んできてくれます。今では飲食店の食事や、コンビニで売っている商品も配送しています。

さらに、美団は総合的な電子商取引のプラットフォームとして成長しています。食事だけでなく、映画、美容室、ホテル、旅行、カラオケ、バー、家政婦、引越し、ジム、車の修理、塾、内装工事、ウェディングドレス、医療など、ありとあらゆるものを扱うプラットフォームになりつつあります。

美団の特記すべきところは、「配送」という要素を押さえたことで、それをテコに範囲の経済を追求していったことです。何でもがデジタル化されて高速に処理できる現在、物理的な配送は最後の「ボトルネック」として残っています。このボトルネックをいかに解消するかが、便利なサービスを実現するための鍵となります。大量の配送員という「人」で解決するのは、人口が多い中国ならではですが、配送から入って電子商取引を押さえるというのは面白い流れです。

また、美団はプラットフォームの理論から見ても興味深い点があります。プラットフォームは、たとえば、お店と消費者、楽曲提供者とリスナー、アプリ開発者とアプリ利用者、ドライバーと移動ユーザーなど、二つの異なる集団をマッチングすることで取引を成り立たせています。二つのグループを結びつけるので、「Two-sided Network」と呼ばれます[17]。グーグルもアマゾンもアップルも、このビジネスモデルで急成長を遂げており、それが長期的な競争力の源泉にもなってきました（図3-3）[18]。

ところが、「美団」は実質的にお店、利用者、そして配送員の3者からなる「Three-sided network」を構成しているのです（図3-4）。筆者が中国出張中、実際に配送員に訊いたところ、美団に所属してはいるものの、配送の注文を受け付けるかどうかは自由に判断できるとのことでした。配送員にとっては、「自由に仕事をできるところ」がこの仕事の魅力だとのことです。配車アプリのウーバーやDiDi（滴滴出行）のドライバーのように、かなり個人の裁量に任されているようです。配送員も、指揮命令で動く従業員というよりは、プラットフォームにおいて自由に取引する独立事業者に近い形で働いているといえます。これは、デフレーミング第3の要素、個人化にも通じる話です。

配送というボトルネックを押さえた美団の競争力はとても大きいようにみえます。日本におけるアマゾンとヤマト運輸を合わせたサービスを、プラットフォーム的に実現しているといえるでしょうか。

17　Geoffrey G. Parker, Marshall W. Van Alstyne, and Sangeet Paul Choudary (2016) Platform Revolution: How Networked Markets Are Transforming the Economy and How to Make Them Work for You, W. W. Norton 参照。

18　前掲 Parker et al. (2016) などを参考に筆者作成。

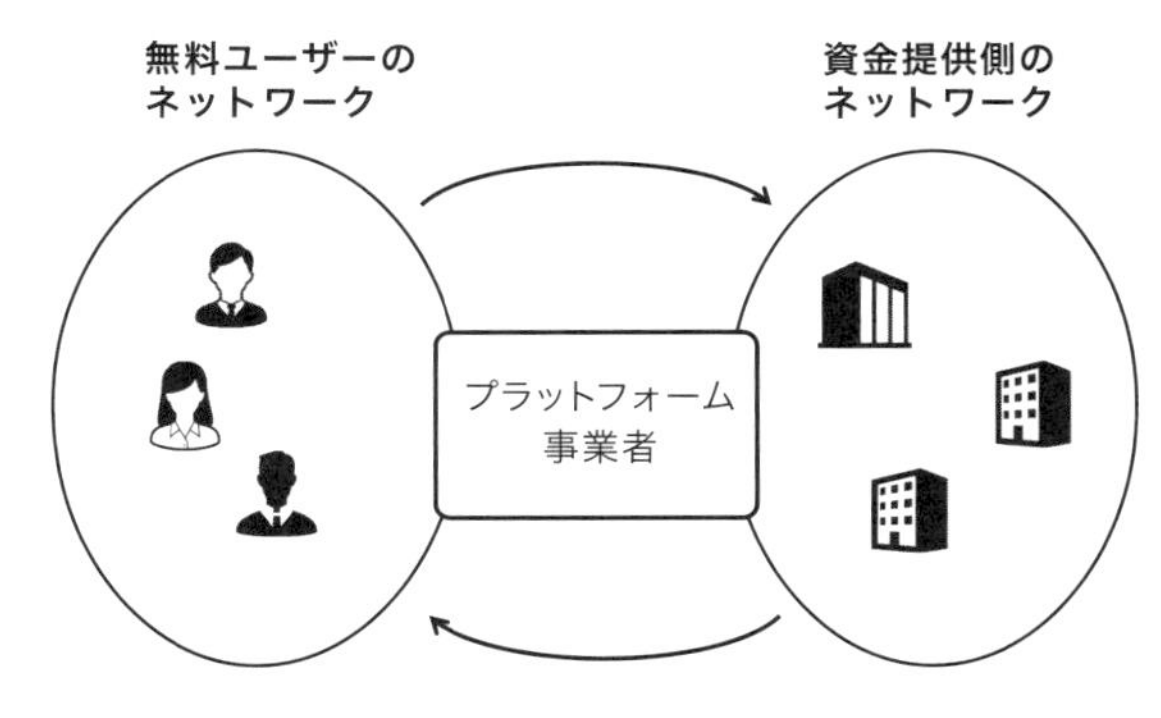

図 3-3　一般的な Two-sided network

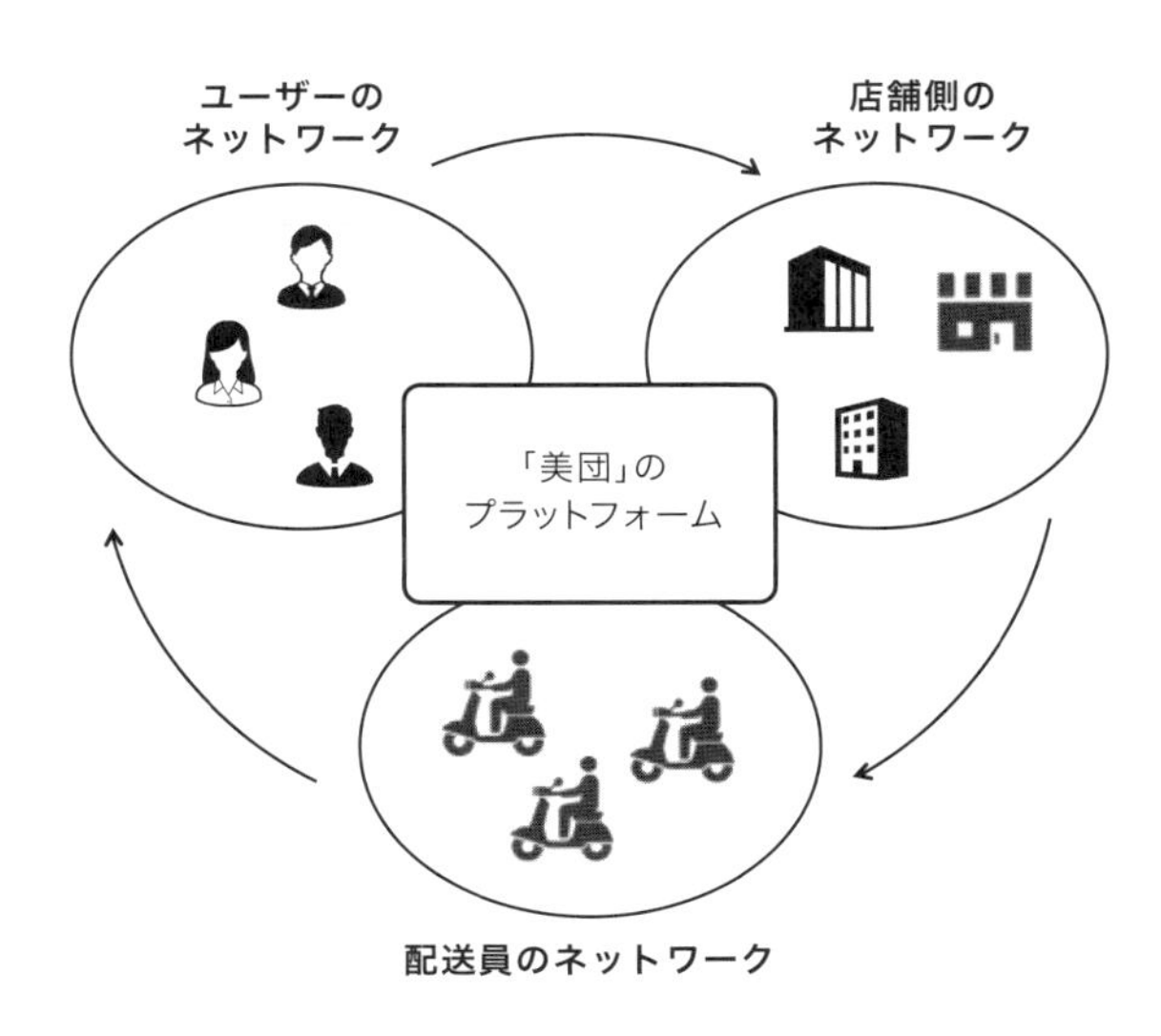

図 3-4　「美団」に見る Three-sided Network

ところで、3者にわたるネットワークはどのような意味を持つのでしょうか。今のところ、美団は大規模なネットワークを構築して優位に立っており、今後、配送ネットワークを整備しなければならない後発の事業者にとってはハンデとなります。その意味ではネットワーク外部性による競争力は従来の「2者ネットワーク」型のプラットフォームより高いかもしれません。

ただし、中国は雇用が流動的で、条件の良い配送の仕事があれば容易に配送員が移ってしまうリスクがあります。配送をテコにしたプラットフォームは美団だけでなく、すでにいくつかの事業者が存在しています。

配送という鍵となる部分を配送員の裁量に任せた場合、十分な配送能力が確保できない可能性もあります。注文が入りそうなのに、配送員がだれもいないため注文が成立しない、というような事態です。

また、こうしたネットワークをたとえば日本で構築する際、十分な配送人員を確保できるかが課題となるでしょう。物流網をプラットフォーム的に実現する美団のビジネスモデルは、圧倒的な数の人材を持つ中国ならではという面も大きいかもしれません。人口減少中の日本では、ドローンや自動運転車などをプラットフォーム的に使うことになるのではないでしょうか。

分解と組み換えに伴う役割の変化

美団にみる、もう一つの面白い点は、配送からバリューチェーンを組み換えていった結果、リアル店舗の役割が変わりつつあるということです。これまで、コンビニなどの店舗は人が訪れて買い物をする場所でした。しかし、デリバリーが普及していくと、実際に店舗を訪れる人はずっと少なくなり、配送センターとしての役割になってきます。

中国在住のIT専門のライター、山谷剛史さんと一緒に訪問した、コンビニ「蘇寧小店」もそのようなところでした。「蘇寧小店」は、日本のラオックスを買収した家電量販店の蘇寧易購が各店舗に併設しているコンビニで、そこを拠点に食料品、日用品などのデリバリーサービスを行っています。店舗自体は通りに面し便利な立地なのですが、基本的にネットの注文を受けて配達するための拠点として使われています。店の造りも客が買い物をするよりも配送センターと呼んだほうがよい雰囲気になっています。

また、アリババが出資する先端的なスーパーである「盒馬鮮生」はデリバリーに力を入れており、半径3キロ以内は30分で届けるとしています。そのため、店内にはデリバリー用のモノレール的な装置が天井に張り巡らされており、注文が入ると、商品や、フードコートの食事まで、この「モノレール」に載って、店舗内の配送センターに送られていきます。そこでは配送員が待ち構えており、自宅などの配送先まで届けるという仕組みです。大規模なスーパーですが、デリバリーの発達によって店舗の造りそのものが変わっているのです。盒馬鮮生以外にも、北京で展開する「小象生鮮」や、上海の「カルフール北新ジン店」など、同様のサービスを提供するところが登場しています。

デリバリーが発達していくと、実店舗に行かなくなる可能性が高くなります。中国で出会った若者の中には最近スーパーに行っていないという人もいました。そこで、中国のショッピングモールは、対策としてITを駆使した面白い仕掛けをたくさん用意しています。大画面の前でポーズをとると、写真が撮られ、漫画の場面中に登場する画像を作成してくれたり（その画像をスマートフォンにダウンロードできる）、画面上の自分の姿に、着せ替え人形のように服をマッチングさせてみたりなど、いろいろなことができる場所になっています。店舗を単にモノを買う場所ではなく、エンターテイメントの場として位置付け、商品を見てもらい、実際にモノを買うのはネットでもかまわないという割り切りでしょう。

これらは「分解と組み換え」の結果、それぞれの社会的役割が変わってしまった例です。何でもネット注文とデリバリーで手に入る時代、リアル店舗の今後の役割は、エンターテイメントと配送センターになりつつあります。中国におけるこうした小売の変化は2016年末にアリババのジャック・マー会長が打ち出した「ニューリテール戦略」を発端としています。オンラインとオフライン（リアル店舗）の融合、テクノロジーを駆使した無人コンビニなど、消費者にとっても売り手側にとっても、購買に関わる体験が大きく革新され、その結果、産業構造も大きく変わりつつあります。

このように、中国発のイノベーションの多くを見ると、ペイメント、SNS、商取引など分解された要素に特化したサービスからスタートしつつも、そこから配送、商取引、信用情報などを加えて範囲の経済を追求しながら、新しく社会のプラットフォームを再構築していることがわかります。

中国はビジネス、特に創業することへの関心が高く、雇用の流動性も高いため、新しいビジネスが次々と生まれています。こうした社会風土は米国にも共通するものがありますが、新しいビジネスの動きは、遅からず日本にも上陸してくると考えたほうがよいでしょう。

APIエコノミーで実現するシームレスなサービス

「分解と組み換え」において、大きくみれば企業や業務といった単位で分解していきますが、より細かくミクロにみていけば、API（Application Programming Interface）を用いた分解と連携も重要な観点です。

APIはアプリケーション同士が通信を行うための「出入口」のようなもので、これによって、異なるシステム同士が情報をやりとりでき、業務を連携させることができるようになります。こうしたAPIが縦横無尽に張り巡らされ、情報や価値が流通する世界がAPIエコノミーです。

特に銀行などの金融機関では、国の政策もあり[19]、APIを公開して、第三者が開発したアプリケーションが銀行の情報を利用できるようにする「オープンAPI」の取り組みが進んでいます。これにより、家計簿アプリや投資アプリなどが、適切なセキュリティ制御のもと、銀行が管理しているユーザーの残高等にアクセスして、よりシームレスなサービスを提供できるようになります。ここでいうシームレスというのは、継ぎ目がないという意味で、わざわざ手作業で銀行のサイトからデータをダウンロードして家計簿ソフトに投入したりすることなく、初めからデータが連携して統合的なサービスが受けられるという意味です。

もちろん、銀行自体がこうしたサービスを提供することも可能かもしれませんが、スマートフォンの急速な普及により、飛躍的に便利な新サービスの開発が世界規模で、猛烈なスピードで進んでいます。預金の残高や金利を正確かつ安全に管理することに特化してきた銀行自らが、柔軟なアプリ開発に乗り出すのは文化的にも難しいチャレンジとなります。そこで、スタートアップ企業など小回りの効く第三者が開発したアプリと連携することで、銀行そのものの価値を高めていこうというわけです。

デジタルによってユーザーが新しく便利な体験に慣れてきている状況で、あらゆるサービスにおいて、同等のインタフェースを提供することがユーザーから求められてくるでしょう。たとえ

19　金融審議会「決済業務等の高度化に関するワーキング・グループ報告－決済高度化に向けた戦略的取組み－」(2015年12月22日公表)や政府「日本再興戦略2016－第4次産業革命に向けて－」(2016年6月2日閣議決定)

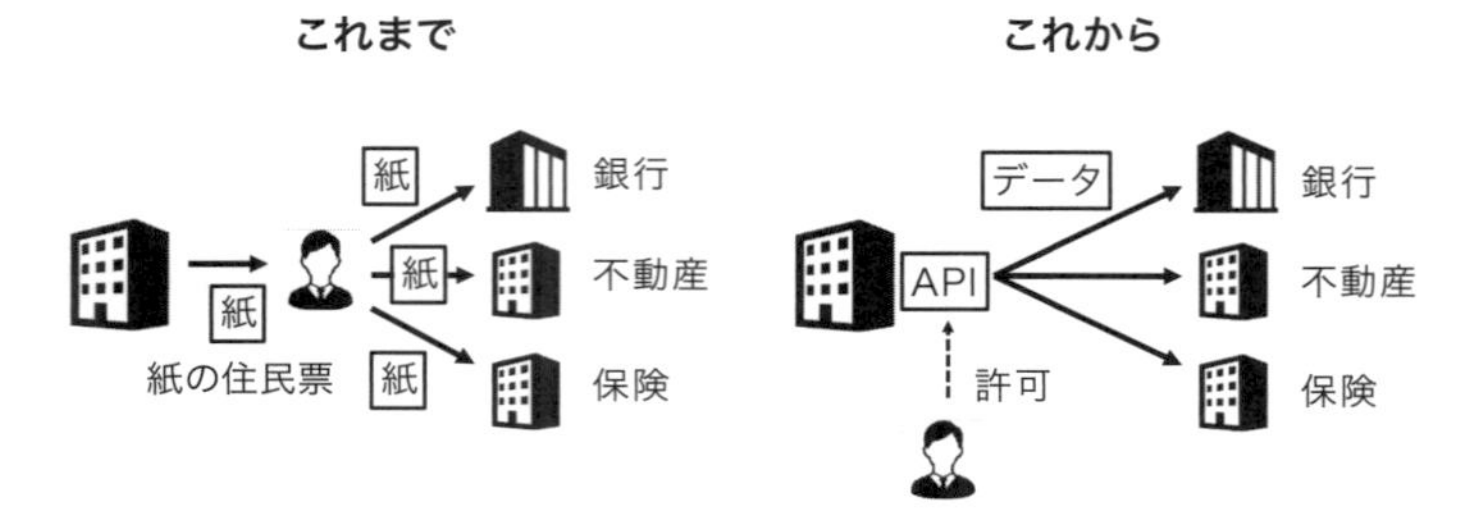

図 3-5　行政におけるＡＰＩエコノミーのイメージ

ば行政サービスもそうした分野の一つです。役所に住民票や印鑑登録証を取りに行くのではなく、スマートフォンだけで簡単にダウンロードできることや、そもそも紙ベースの仕組み（ＰＤＦ化したものを含めて）をなくすことは、ユーザーの目線から見れば「できて当然」の品質です。そのためには、役所のシステムが様々な第三者が作ったアプリと連携して、住民票データを安全に送受信する仕組みや、住民票を必要としているサービス（口座開設したい金融機関など）に、直接役所からデータを送信する仕組みが必要です（図３-５）。

住民票を求めるサービスは、利用者が申告している住所や氏名が正しいものかを確認したいだけで、「住民票」という紙が必要なわけではないのです。目的に照らして、必要な情報を持っているシステムに、動的に問い合わせて結果を得られるようにすれば、人がわざわざ住民票を取りに行く必要はありません。今や「できて当たり前」のサービスを実現するためにも、APIエコノミーは必須の要素になります。

電力の識別がもたらすエネルギーのデフレーミング

APIによる分解と連携にも関係するのが、電力分野のデフレーミングです。これまで、電力は大規模な火力、水力、原子力などを使った発電所で発電し、それを一斉に送配電する仕組みでした。その方が化石燃料や扱いの難しい原子力を用いた電力を利用するには効率的だったからです。しかし、太陽光や風力など、無限に利用できる「再生可能エネルギー」に世界規模でシフトするという技術的な変化の中で、「一極集中型」の発送電システムは必ずしも効率的とはいえなくなっています。

再生可能エネルギーは家庭のソーラーパネルでも簡単に発電できるほか、小規模な事業者でもエネルギーファームなどを作ることで発電事業に簡単に参入できます。その反面、発電元が地理的に拡散されます。各地で発電された電力をいったん中央に吸い上げて、再配電するのは極めて非効率です。そこで、地場や近隣など、狭い地理的範囲で電力の融通を行うことにメリットが出てきます。

このような地場・近隣での電力融通は、仮想通貨やブロックチェーン技術と組み合わせることで、実現に向けて急速に進みつつあります。東京大学の研究チームで開発された「デジタルグリッド」という技術は、電力がどこで、どのような方法で発電されたものかを「識別」することができます。近隣で発電された太陽光由来の電力だけを購入するといったことも可能になります。さらに、データの改ざんを防ぐブロックチェーン技術を使って、実際に発電した量や、消費した量を正確に記録することや、売電した金額を仮想通貨でリアルタイムに決済する技術の開発が進んでいます。

太陽光などの再生可能エネルギー由来の電力は、ＲＥ電力（Renewable Energy 電力）と呼ばれますが、電力の識別が可能になることで、ＲＥ電力を意識的に使うことができます。「電力」という大きな「枠」で取引されていたものが、太陽光由来、風力由来、原子力由来、石油由来など、きめ細かく選んで購入ができるようになるのです。こうした、発電方法に関する技術的な変化や、地球環境にとって持続可能な生活や事業を行いたいという需要家の隠れたニーズを見つけ出すことで、個別最適化されたエネルギーの供給が可能になるだけでなく、エネルギーの生成・提供に個人や小規模事業者も参入できるようになります。

また、電力は、従来発電したものを、同時に、同じ量だけ消費しなければならないという「同時同量」の原則や、由来を識別できないという「非識別性」がその大きな特徴でした。そのために中央管理による巨大な電力システムを制御する必要があったのです。しかし、ＥＶ（電気自動車）をはじめとして、蓄電が可能な高性能バッテリーが急速に進化しており、同時同量は所与のものではなくなりつつあります。

昨今、中国で急激に増加しているＥＶは、充電時間がその課題でした。空になったバッテリーをフル充電するには、速くても数十分かかります。買い物など用事があればよいかもしれませんが、ガソリンではせいぜい5分で給油できていた経験からすると、ドライブの途中や、急いでいる場合、この数十分はストレスになるでしょう。そこから中国では、電池交換式のＥＶが出てきています。「ＳＫＩＯ」というベンチャー企業が提供していますが、携帯電話や時計の電池交換と同様に、電池を積み換えることで、数分で交換が完了します。

また、中国ではスマートフォンの充電用バッテリーの自動シェリング器を街中の至るところで見つけることができます。これは、あらかじめ充電されたバッテリーを一時的に貸し出し、そこから各自のスマートフォンを充電するものです。

これは、電力の「同時同量」の原則を、一部ですが破壊し、電力をポータブルな存在へと転換することを示しています。デジタルグリッドでの電力の識別を組み合わせることで、資源を「マス」でとらえることから、発電、蓄電という業務へ分解し、多様な主体が担えるようになってきました。蓄電と物流のコストが技術的な進展によってさらに改善されると、砂漠のソーラーパネルで充電した電池を日本に運んで使うといったことも可能になります。発送電のコストやエネルギーの価値付けを、抜本的に考え直すタイミングに来ているのではないでしょうか。

技術的フロンティアは自律的なサブシステムの連携

分解と組み換えにおいては、分解されたサブシステムをどのようにつなぎ合わせ、連携させるかが重要になります。こうしたシステム間の連携は、ドイツではおもに製造業の生産性向上を主眼にインダストリー4・0として推進されてきました。日本では、政府の科学技術基本計画で謳われている「ソサエティ5・0（Society5.0）」に表されています。ソサエティ5・0とは、サイバー空間（仮想空間）とフィジカル空間（現実空間）を融合させることで、経済発展と社会的課題の解決を両立させる、人間中心の社会（Society）とされています。[20] なぜ5・0かというと、人類史において、狩猟社会を1・0、農耕社会を2・0、工業社会を3・0、情報社会を4・0とすると、それに続く社会として位置付けるからです。情報社会のはじまりを１９９０年頃とすれば、情報社会時代がかなり短いですが、それほど大きな変革として位置付けようという意気込みの現れでしょう。

このソサエティ５・０という構想には、いくつかの重要なポイントがあります。まず、ＩｏＴ(Internet of Things)の技術に基づき、あらゆる人とモノがつながり、知識や情報が共有されることで社会課題の解決がなされるとしています。また、サイバー空間とフィジカル空間を融合させて、サイバー空間に集積されたデータをＡＩが分析して実社会にフィードバックするとしています。

インダストリー４・０にせよ、ソサエティ５・０にせよ、重要な点は様々なサブシステムやデバイスがつながる可能性が出てきたということです。これをもう少し大きな枠組みで考えると、独立したシステム同士が連携しあって、一つの大きな社会システムを構成する「System of systems」（システム連携によるシステム）という概念になります。たとえば、再生エネルギー

20　http://www8.cao.go.jp/cstp/society5_0/index.html

に基づく電力グリッドのシステム、EVを中心とした自動車会社のネットワーク、また自動運転のための信号システム、通信インフラなど、それぞれ別個に設計され、実装されてきたシステム同士が連携しあって、一つの都市の「電力・交通システム」を構成することになります。

あるいは、「Self-adaptive system」（自律適応システム）という概念もあります。システム自らが状況に応じて機能や性能を調整していくシステムです。たとえば交通量に応じて、信号の待ち時間を自動的に制御したり、電力消費量に応じて、グリッドに組み込むソーラーパネルの数を動的に調整したりすることが含まれます。このように、環境に応じて自動的に適応するシステムは、本書のテーマである「資源の有効活用」にもつながります。必要なものを、必要な時に、必要なだけ使うシステムの実現にもつながります。

その一方で、こうしたSelf-adaptive system同士が連携して社会システムを構成するとなれば、お互いの適応状況のフィードバックも必要になり、かなり複雑な仕組みになることが予想されます。「分解と組み換え」における技術的なフロンティアは、こうした独立したサブシステムの自律適応を前提とした連携と調整にあるでしょう。

デジタルツインを実現するオープンネットワーク

異なるサブシステムが連携することで、様々な新しいサービスを実現することができるようになります。たとえば、クルマ、スマートフォン、道路、家電、職場のインフラなどがつながり合うことで、互いに情報を共有し、これまで生み出せなかった知識を生み出すことができます。人間が指示しなくても、職場を出て帰宅の途についたら、自動的に移動手段が最適化され、自宅の空調が入って帰宅を待つ状態になるといった具合かもしれません。あるいは、電車が止まって通勤できない場合には、自動的に自宅から会議等に参加できるよう機器が準備を行うといったこともあるかもしれません。

そのためには、実際の社会における人の移動や行動、機器や設備の動作などあらゆる情報をデジタル化し、サイバー空間に再現することで、サイバー上で様々な分析を行う必要があります。こうしたサイバー空間におけるリアルの再現を行うことは、「デジタルツイン」と呼ばれています。リアルをサイバーで再現し、サイバー空間で行われた分析結果が現実の社会にフィードバックされるのです。位置情報を分析することで、ある駅に異常な混雑が予想される場合は、別の駅を使ったルートが自動的に推奨されるといったことも一例です。

A社（家電）
投資
価値
より高い価格の
プロダクト
顧客

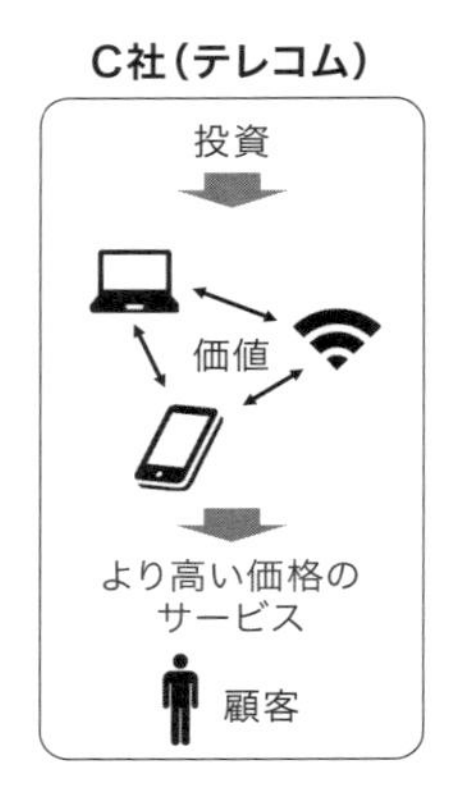

図 3-6　これまでの縦割りのＩｏＴ

こうした複合的なサービスのためには、従来よりも幅広い範囲の現実のピクチャーを描くことです。そのためには、従来の事業者縦割りのＩｏＴやＡＰＩのエコシステムを超えて、オープンに連携する必要があります。また、System of systemsに見たように、それぞれ独立したシステムを互いに連携させることも必要になります。ＡＰＩエコノミーや、System of systemsがめざしているのは、「より幅広い範囲の連携」なのです。

しかし、実現させるには大きな壁があります。たとえば、これまでのＩｏＴは、家電メーカーＡのＩｏＴ、自動車メーカーＢのＩｏＴ、テレコム企業ＣのＩｏＴといった具合に、事業者の縦割りになっていました。（図3-6）こうなってしまった理由は、ＩｏＴサービスそのものから収益を得ることが難し

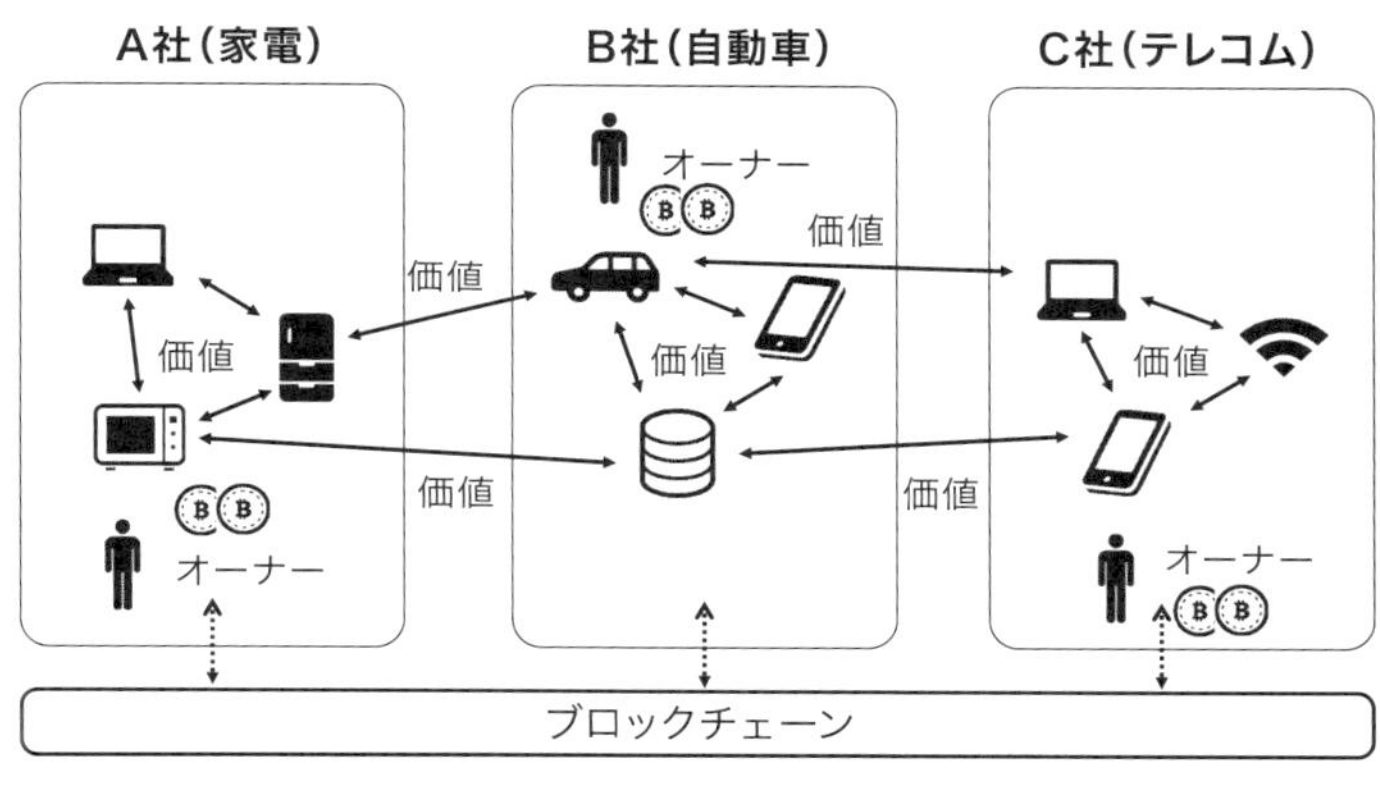

図3-7　オープンで連携可能なＩｏＴ

く、ＩｏＴシステムの構築にかかるコストは、結局そのメーカーの製品価格に上乗せするという形で回収するしかないという事情があったためです。事業者が互いにそれぞれのエコシステムの優位性を巡って競争している状況において、ＡＰＩでデータを公開することは容易ではありません。

そこで、ＡＰＩがデータを交換することを、一定の経済的な取引と見立てて、その価値の分のトークンをやりとりする仕組みを設けることで、各事業主体の「枠」を超えた連携が可能になるのではないかと考えています（図３-７）。具体的には、ＡＰＩを呼び出してデータをやりとりするプロトコルに、仮想通貨による支払いの手続きを組み込み、データの対価としてごく少額の仮想通貨を支払うようにするのです。すでに、21・coというスタートアッ

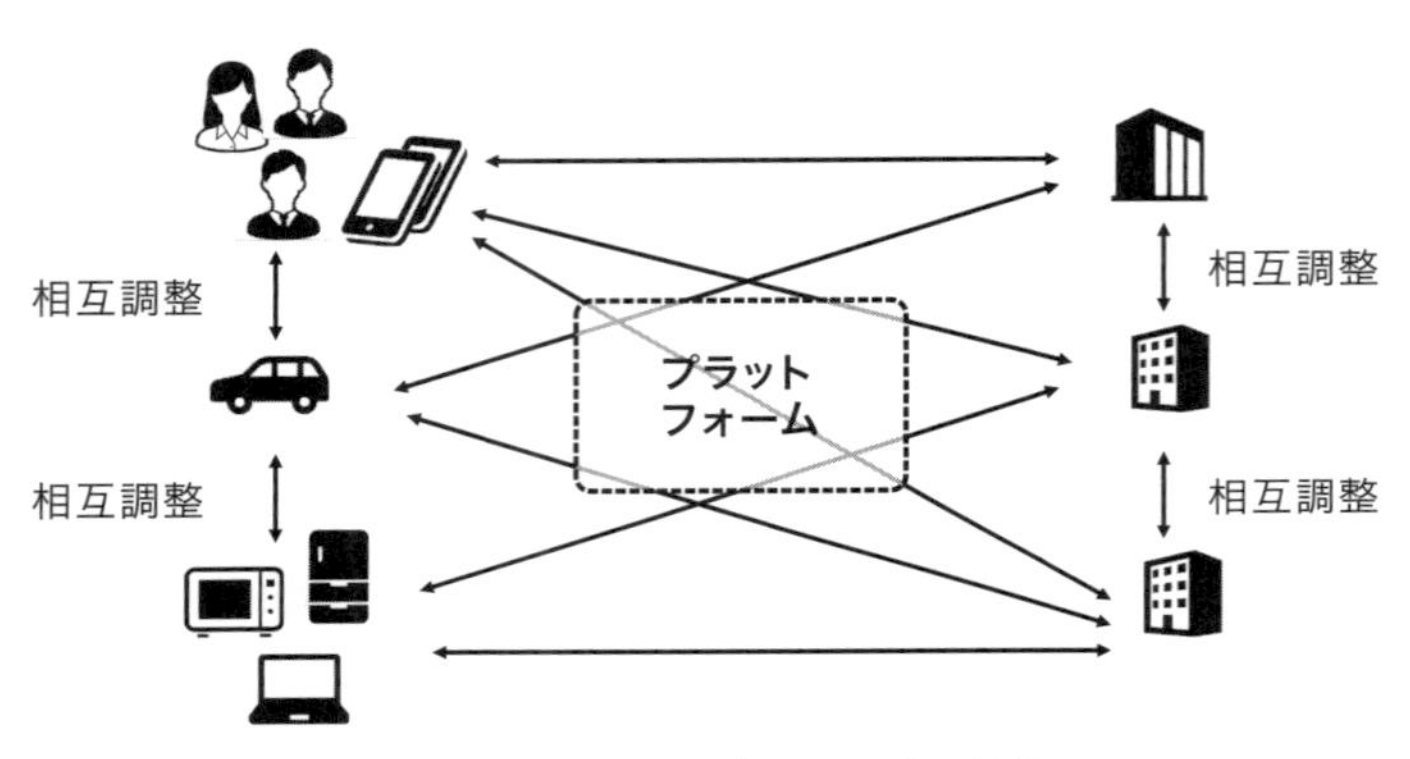

図 3-8　自律的なサブシステム間の連携

プ企業（現在はCoinbase傘下のEarn.com）が、APIに課金を組み込む仕組みを実現しています。

こうしてデータをやりとりするデバイスやシステムを経済的主体と位置付けることで、各主体が独立した存在となります。ちょうど、子供が親のもとで育っている間は家族というエコシステムの中でしか活動できないのに、大人になって仕事をして稼ぐようになることで、外の世界のエコシステムの一部となるのと似ています。こうした仕組みが実現すれば、各事業者の「枠」を超えて、データが流通し、より利便性の高いサービスが実現できるでしょう。

どのように業務を分解すればよいのか

それでは、企業はこの「分解と組み換え」にどのように取り組んでいけばよいのでしょうか。

企業にとってまず重要なことは、従来はパッケージ化されていた業務から、どの要素について取り組めばよいかということです。この点については、３つの評価基準があります。第一に、潜在的な課題が大きな要素です。たとえば中国をはじめとして、モバイルペイメントが急速に普及していますが、以前からも電子マネーやクレジットカードなど、オンラインの支払い手段は様々なものがありました。そこになぜスマートフォンを使ったＱＲコード決済が普及することになったのでしょうか。それは、店舗側のコストの問題があります。日本でいえば、交通系ＩＣカードがありますが、ＩＣカードリーダーなどのハードウェアのコストに加え、決済手数料が、お店にもよりますが３％程度かかることになります。クレジットカードでも同様に1～5％の手数料がかかります。これらは店舗側が負担しているため、一般消費者には見えないコストですが、もちろんその分は価格に転嫁されていると考えるべきです。

これに対して、スマートフォンを活用したＱＲコード決済は、スマートフォンやタブレットさえあれば導入できますので、導入コストが極めて安いというのが特徴です。さらに、決済手数料も、従来の電子マネーやクレジットカードと比較すると安く、あるいは無料に設定されています。

モバイルペイメントは、これまでのオンライン支払い手段の高いコストという店舗側の課題を解決したため、急速に普及しつつあるのです。このように、潜在的な課題がある要素を選ぶことが重要です。

第二のポイントは、巨大なユーザーベースを獲得できることです。たとえば決済は多くの人が利用します。また、ソーシャル・ネットワーキング・サービス（SNS）、デリバリー、エンターテイメント、教育などが多くのユーザー数を獲得することが期待できます。

第三のポイントは、外部のリソースを導入することができる、すなわち、プラットフォーム的なサービスに展開できるものを選ぶことです。たとえばオンラインでの教育コンテンツの提供であれば、様々な知識を持った人が多様なテーマのコンテンツを提供することができます。デリバリーであれば、外部の人や組織が多様な配送手段を提供するような仕掛けにするのです。プラットフォーム的なサービスとは、自らそのサービスに直接的に必要なリソースを保有せず、外部のユーザーグループをつなぐ機能に注力することです。マッチングの機能はデフレーミングの時代にはあらゆる場面で必要になりますので、横展開できる可能性も高くなります。

「分解と組み換え」はビジネスモデルの基本戦略

本章では、デフレーミングの第一の要素、「分解と組み換え」を見てきました。銀行、保険、教育、メディア、配送、交通など、従来の枠組みを新鮮な目で見直し、その中に隠された、潜在的な成長可能性を持つ要素を取り出し、デジタルファーストで再構築することは、これからのビジネスを考えるうえでの最も重要な視点の一つです。

そして、本章で見てきたように、個別要素に取り組むといっても、それで終わりではありません。そこから範囲の経済を活かして、事業を拡大していくことが可能です。「分解と組み換え」は、イノベーションの出発点であり、デジタル時代の成長戦略の要諦でもあるのです。

こうして成長していった事業は、従来のビジネスとは大きく異なります。それは、これまでの各分野内の要素の組み合わせとはまったく異なる組み合わせで事業が再構築されるからです。決済とSNS、自動車と介護、教育とメディアなど、従来の枠組みを超えた組み合わせで事業が再構築されます。

また、拡大の過程ではプラットフォームの要素が必要になります。これにより、ユーザーのニーズに応じて、提供する内容を柔軟に変えることができるということです。こうした柔軟性は、次の章で取り上げる「個別最適化」につながるものです。

まずは、身近な分野の業務に含まれる要素をリストアップして、どこならデジタルファーストに再構築できるか、考えてみることから始めてみてはいかがでしょうか。

第4章　個別最適化

デフレーミングの第二の要素は「個別最適化」です。個別最適化は、既製品という「枠」を超えて個別のユーザーに最適化するということです。本章では個別最適化をキーワードに、テクノロジーの進化がもたらすビジネスモデルの変化について考えていきます。

ニーズを大雑把に見てはいけない

パッケージ化の時代には、みんなが同じような商品やサービスを購入していました。そこで重要なのは「市場シェア」です。市場のパイが一定なので、あとはどれだけその中でシェアを獲得できるかが、企業競争力の重要な指標でした。

しかし、現代は個別に異なるほんとうのニーズに、コストをかけずに寄り添うことができる時代です。ニーズのバラエティは無限にあります。単に色の好みであれば、ある程度有限（それでも色も無限に作り出すことも可能）ですが、色と形と機能の組み合わせの好みとなると、そのニーズは無限に存在します。ニーズを細かくみていけば、競争の激しいレッドオーシャンと呼ばれる市場であっても、参入できるチャンスはあります。

これを身近にみることができるのは、スターバックスです。元はシアトルの小規模なコーヒー豆販売店でした。そこから、「喫茶店」というレストランビジネスに進出します。コーヒー豆販売も、レストランビジネスも、成熟しきった市場です。しかし、米国ではまだ少なかったエスプレッソを主体としたドリンクの品揃え、店舗で飲むのではなく持ち帰ってオフィスで飲むという新しいスタイルの提案、最近ではＷｉ－Ｆｉも充実させ、暗黙的に、新しい知的なワークスタイルを体現する場ともなっています。座ってコーヒーを飲みたいというニーズを、もっと深くみていくと、実は様々なニーズが隠れていたといえます。最近コワーキングスペースが続々と登場していることからも、カフェに対する隠れた需要、すなわち通常のオフィスではなく、おしゃれで、落ち着けて、美味しい飲み物があるところで働きたいというニーズがあったことがわかります。

同様に、成熟した市場、すなわちレッドオーシャンに飛び込み市場シェアを確立しつつあるのが、米国の新興自動車メーカーのテスラです。テスラは全車種がＥＶ（電気自動車）であるだけでなく、自動運転をはじめ最先端の情報技術の活用を志向しています。テクノロジーによって社会全体がトランスフォーメーションされていく中で、ユーザーにとって内燃機関を使った自動車は20世紀を象徴する「オールドエコノミー」と見えはじめる可能性があります。単にEVというだけでなく、自動車やモビリティという分野全体の技術やビジネスモデルを現代的なものに刷新しようとしているのです。

国際経済学の分野には、Love of variety という概念があります。ノーベル経済学賞を受賞したポール・クルーグマンが提唱したもので、商品やサービスにバラエティ（多様性）があればあるほど、消費者の効用は上がるという考え方です。この考え方は、なぜ多様な人がいる大都市に住むことにメリットがあるか、また、似たような製品を製造している他国と貿易することに価値があるかを示す理論です。たとえば、カフェといってもスターバックスだけでなく、タリーズやドトールもあるほうが消費者にとっては厚生（メリット）が高まります。国産ワインが三種類しか手に入らないよりも、輸入ワインも含めて一万種類から選べる方が嬉しい、ということです。

まず、多様なニーズを満たすことは、消費者にとっても大きなメリットがあることを認識する必要があります。あとは、それをいかにニッチに陥らずに一定のスケール（規模）を確保するか、そしていかにコストを増大させないかが重要になります。

競争の激しいレッドオーシャンであるということは、そこに人類の普遍的なニーズが存在するということです。しかし、急速に発展するテクノロジーによって、その提供方法は常に進化する余地があります。技術変化の節目に、いかに変化を先取りして参入できるかが重要です。現代の技術はオープンで、だれでも容易にそれを習得し、模倣することができます。そのため、重要なことはいかにスピーディに展開してしまうかということです。スターバックスも、ウーバーも、エアビーアンドビーも世界への展開が速い理由はそこにあります。また、ニッチなニーズでも、世界規模でみればスケールできるという理由もあります。逆にいえばスケールしなければ成立しにくいということです。社会の中の細かな単位でも良いので、既存の仕組みに潜む不効率性を見つけ、技術変化の節目に最適なタイミングで対応して、素早く展開することが必要です。

サービス化とは個別最適化である

個別最適化するということは、サービス化するということでもあります。サービス化は「サービタイゼーション（Servitization）」とも呼ばれます。多くの製造業では、ハードウェアを作って売り切るだけのビジネスからいかに脱却し、ハードウェアの利用に伴って生成されるデータを活用し、ハードウェアに付随するサービスを提供して付加価値を向上させることができるかが大きな課題となっています。サービス化を行うということは、とりもなおさず「パッケージ化」から脱却して「個別最適化」を志向することにつながります。

サービス産業の重要性はあらためて強調するまでもありませんが、先進国では平均してGDPの約70%となっており、国別では米国が77%、日本では、若干低めですが、69%となっています。[21]一般的に、国が発展するにつれて製造業の比率が下がっていく傾向にあります。これは、製造するモノがコモディティ化するに従い、人件費や土地代などコストのみが差別化要因になり、できるだけコストの低い国に産業が移転していくためです。たとえば、衣服生産は米国から日本に、日本から中国に、そして現在はカンボジアやベトナムなどに移っていっています。鉄鋼、エレクトロニクスなどの生産も、発展途上の国に移転していきます。それに対して、先進国はコモディティ化しにくいサービスによって付加価値を生み出していくことで、総じてサービス中心の経済になっていくのです。

これは個別企業にとっても同様で、たとえば家電メーカーであれば、洗濯機、冷蔵庫、テレビ

21　出典：世界銀行、２０１６年の値。https://data.worldbank.org/indicator/NV.SRV.TOTL.ZS.

といった一般的な製品では、コストの安い途上国との競争にさらされます。当面は工場を途上国に移転することで何とか乗り切ってきましたが、途上国にも競争相手となるメーカーが誕生して成長してくると、なかなか太刀打ちするのは難しいでしょう。これが現在日本の家電メーカーが置かれている状況です。

ハードウェア製品に対してサービスを付加する動きは、これまでも様々なものがありました。メンテナンス、購入のための金融サービス、保険といった伝統的なものから、自動車のドライブサポート、利用状況を分析した結果得られる知見の提供といったものまで、様々なものがあります。

先述のマサチューセッツ工科大学のクスマノ教授は、1990年代以来のソフトウェア産業を例に挙げ[22]、同産業がパッケージ化されたソフトウェア専門の事業から、パッケージソフトと付加的サービス（コンサルティング、カスタマイズ、保守など）を組み合わせた形態へと変化してきたことを示しています。その背景として、ソフトウェア製品の価格はゼロになる可能性があると指摘していますが、実際、近年ウィンドウズのオペレーティング・システムが無料となったり、またオフィスソフトと同等の機能が無料でグーグルなどから提供されたり、フェイスブックや

Ｓｌａｃｋなど様々なプラットフォームが無料で提供されていることをみると、この指摘は当たっていたといえるでしょう。

製造業が提供する「ハードウェア」であれ、ソフトウェア企業が提供する「パッケージソフト」であれ、皆に適したようにパッケージ化されたものは、いずれコモディティ化して価値が限りなくゼロに近づいてしまうのです。もっとも、製造業には原材料のコストがどうしてもかかるので無料にはなりませんが、ソフトウェアのようにコピーの限界費用が限りなく低いものは、価格自体もゼロになってしまう可能性があります。

こうしたことから、製品をサービスに転換することや、製品とサービスを組み合わせることによって、コモディティ化を防ぎ、企業の利益を守ることが重要になるのです。

それでは、サービスとはそもそも何であり、どのような特質を持つのでしょうか。そして、なぜサービスであればコモディティ化を防ぐことができるのでしょうか。

22　前掲（P79）「ストラテジー・ルールズ」ｐ１６８

一般的に、サービスはハードウェアに対して４つの特性を持つとされています。

●触ることができないこと（Intangibility）
●顧客によって細かく内容が異なること（Heterogeneity）
●生産と消費が同時であること（Simultaneous production and consumption）
●消えてなくなること（Perishability）

(Zeithaml and Bitner 2003, p.21)[23]

たとえば美容院というサービスを考えてみましょう。美容院が提供するサービスは典型的には髪を切るというものです。この、髪を切るという行為自体は触ることができません。美容師に触れることはできますが、美容師自身がサービスではないのです。また、客の髪質や好みによって切る内容もすべて異なってきます。また、髪を切るという行為（サービス）が生産されると同時に、客にとってみればそのサービスを消費していることになります。すなわち、生産と消費が同時に起こるのです。そして、髪を切るという行為自体はどこかに貯めて取っておくことはできません。すぐに消えてしまいます。

これらが伝統的なサービスの定義で、コンサルティング、調理、建設、教育など、確かにこれらの条件が当てはまります。サービスの結果生まれる生産物はありますが、そこで行う行為自体はこうした性質を備えているということです。こうした性質から、サービスにおいて提供者と顧客は、そのサービスを生み出すために「協力」しなければならないとされています[24]。つまり、サービスというのはその本質からいってカスタマイズ、個別最適化が内在しているのです。

しかし、ここで一つ疑問が浮かぶかもしれません。グーグルやアップルが提供しているサービスは、顧客が違っても一律で、ユーザーは何もサービスの生産に参加していないではないか、ということです。確かに初期のクラウド型サービスは、カスタマイズの要素がなく、それまでパッケージソフトで提供されてきた機能を、ネットワークを介して提供するだけのものでした。それをクスマノ教授は「製品化されたサービス」と呼んでいます。

23 Zeithaml, Valarie A. and Mary Jo Bitner. 2003. *Services Marketing: Integrating Customer Focus Across the Firm*. 3rd ed. McGraw-Hill.

24 Lovelock, Christpher and Jochen Wirtz. 2004. *Services Marketing: People, Technology, Strategy*. 5th ed. Pearson Prentice Hall. p.11

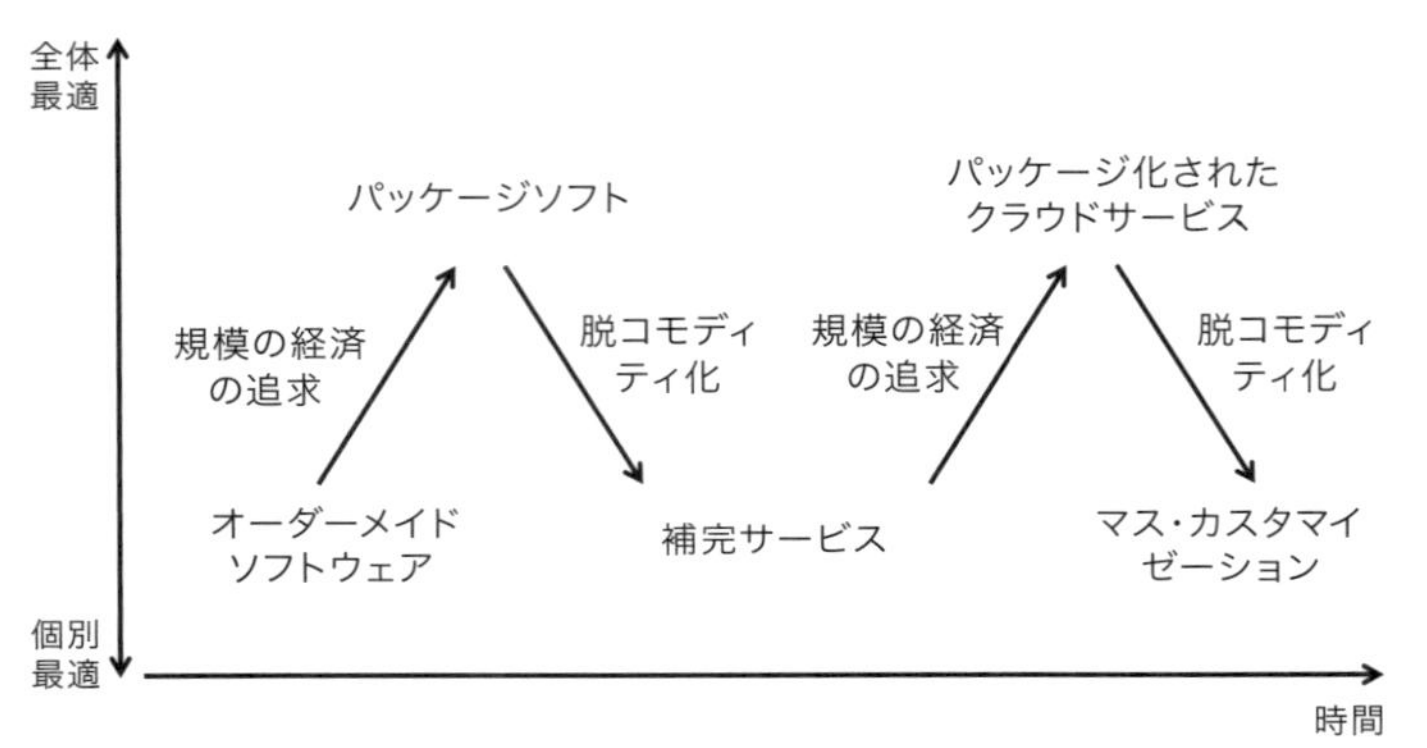

図 4-1　全体最適と個別最適の歴史

ところが、ユーザーが増え、顧客の好みや利用状況に関するデータが豊富に蓄積され、そのデータを解析するデータサイエンス、人工知能といった技術群が普及していくにつれ、顧客のニーズに密着するように、細かくカスタマイズできるようになってきました。これが現代のカスタマイズ化されるクラウドサービスであり、マス・カスタマイゼーションの技術です。

スケールメリットか脱コモディティか

実は「全体最適か個別最適か」をめぐって産業は時代によって大きく振れてきたともいえます。図4-1は、ある産業が全体最適をめざしているのか、個別最適をめざしているかをソフトウェア・ITサービス産業を例にとって示したものです。

電子的なコンピュータが生まれた１９４０年代から１９７０年代初頭にかけて、ソフトウェアといえばニーズに応じて完全オーダーメイドに制作されるものでした[25]。たとえば１９５１年に開発されたＵＮＩＶＡＣは国勢調査のために開発されたもので、その後プロモーションのために大統領選挙の予測にも使われましたが、そのためには膨大なプログラムをオーダーメイドで作る必要がありました。このようなオーダーメイドの時代、もちろんビジネスとしてのスケールは小さく、ＩＢＭはコンピュータの市場はせいぜい1ダースであり、ＩＢＭがやるビジネスではないと言っていたとされています[26]。１９４９年頃のことですが、コンピュータがいかにニッチな製品だったかを示しています。もっとも、ＩＢＭはその後１９５１年に戦略を変更し、数値計算からデータ処理に役割を大きく変えてきたコンピュータに取り組み、5年で市場を制覇するのです。そこには、Ｔ型フォードのようにコンピュータを工業製品として大量生産するものへ転換するということがありました。

しかし、ソフトウェアとしては未だにオーダーメイドの時代が続きます。ＩＢＭが開発した航

25 コンピュータの誕生からパッケージソフトまでの歴史はマーティン・キャンベル＝ケリー、ウィリアム・アスプレイ(1999)『コンピューター２００年史―情報マシーン開発物語』（海文堂出版）を参考とした。

26 前掲（注26）ｐ１０５

空座席予約システム（１９６３）もアメリカン・エアラインズのために開発したものでした。しかし、１９５０～６０年代にＦＯＲＴＲＡＮ、ＣＯＢＯＬ、ＢＡＳＩＣなどのプログラム言語が誕生し、少し勉強した人であればソフトウェアを開発することができるようになりました。同時に、ハードウェアの値段が下がっていき、一般の人でもコンピュータを買える時代になっていきます。

コンピュータの台数が爆発的に増えることが見込まれる中、パッケージ化されたソフトウェアを大量に配布するというビジネスを思いついたのが、マイクロソフトを創業するビル・ゲイツでした。当時開発したＭＳ-ＤＯＳというオペレーティング・システムを組み込んだＰＣが一台売れるごとに、10～50ドルの収入が得られるビジネスを立ち上げたのです。

ソフトウェアはオーダーメイドの時代から離陸し、規模の経済を追求する「パッケージソフトの時代」に突入します。マイクロソフトのウインドウズ、アップルのマッキントッシュ、オフィスソフト、オラクル、ＳＡＰなど、パッケージソフトはその複製をほぼ限界費用ゼロで行えることもあり、巨額の利益をもたらしました。

しかし、パッケージソフトの全盛期は長くは続きません。市場が成熟し、競争相手が出てくると一気に価格が下がり、あるいは無料になってしまうということが起きるようになりました。UNIXやWindowsのようなOSに対してはオープンソースのLINUXが登場します。また、オラクルやMicrosoft SQL Serverのようなデータベース製品にはPostgreSQLやMySQLなどのオープンソースが登場しました。最近では、マイクロソフトのoffice製品群が提供しているような機能を、グーグルが無償のクラウドで提供しています。パッケージソフトの大量販売による巨額の利益と、オープンソース化による価格破壊は、一見矛盾しているように見えますが、ほぼ限界費用ゼロでコピーすることができ、その流通にかかるフリクションが極めて低いという「情報」の特性が両面で現れたものです。

こうしたコモディティ化に対する対応として、各社はサービス部門を強化していきました。IBMはコンサルティングやシステム・インテグレーション事業に力を入れる一方、Thinkpadという当時絶大なブランド力を持ったノートパソコン事業を中国のレノボに売却しました。マイクロソフトも同様にAzureなどのクラウド事業、そしてシステム・インテグレーションに近い事業に力を入れています。

各社は自社のパッケージソフトのコモディティ化に対抗して、顧客密着のサービスを提供することによって、顧客にとって欠かせない付加価値を提供し、容易には他社あるいは無償のソフトに乗り換えられないようにする戦略を取ってきたのです。ここまでの個別最適から全体最適、そして個別最適に戻るところまでが、20世紀的なソフトウェア産業の流れといえるでしょう。

21世紀に入って全体最適と個別最適のジグザグは二周目に入ります。グーグルの検索や広告、ツイッターやフェイスブックなどのSNS、アップルのiTunesなど、いわゆる「プラットフォーム」と呼ばれるサービスの登場です。これらは、あらかじめパッケージ化された機能を、ネットワークを通じて提供する、いわゆるクラウドコンピューティングの一種ですが、自社の機能だけではなく、他者が提供する機能や情報に依存し、それらをマッチングさせる機能に特化するという点で、これまでのパッケージソフトとは異なります。ただ、初期のこれらのサービスは顧客によって同質のサービスであり、規模を追求したサービスでした。

プラットフォームには特有のネットワーク効果があるため、すぐにコモディティ化するわけではありませんが、開発コストや参入コストはそれほど高いわけではなく、スイッチングが容易に起こり得ます。フェイスブックは唯一のSNSではなく、LinkedInもあれば、最近では中国発のＷｅＣｈａｔも有力です。日本では２０００年代はミクシィが全盛でしたが、あっという間にフェイスブックへのスイッチングが起こりました。ＳＮＳという機能の詳細やその実現方法に関する技術はまたたく間に世界中に伝播します。少しでも良いもの、差別化できるものがあれば、簡単に普及し、従来のものからスイッチングする可能性があります。

こうしたパッケージ化されたクラウドサービスや、プラットフォームを提供している企業は、コモディティ化に備えていかなければなりません。そこで必要になるのが、一人ひとりに密着したサービスを提供するということなのです。検索結果をユーザーのニーズに合わせて細かく調整したり、ユーザーの好みや事情を把握して適切なサービスを提案したりすることで、他のプラットフォームに乗り換えられない状況を作り出したいのです。

ここまでみてきたように、ソフトウェア産業を振り返ると、その誕生から個別最適と全体最適のジグザグを少なくとも2回経験しており、現在は2回目の個別最適化の時代であるということがわかります。「規模の経済の追求」が全体最適へのシフトをもたらし、その結果達成される市場の成熟、価格の下落などを始めとする「コモディティ化への対応」として個別最適が重要になってきているのです。

今後もこうした全体最適と個別最適のジグザグは繰り返されるのでしょうか。もちろん、その可能性もありますが、現代社会には別の観点もあります。それは、人の価値観、生き方が多様化しており、個別の事情にサービスが対応することへの普遍的なニーズが出てきているということです。したがって、「個別最適」は単なる経済合理性だけでなく、より大きな社会トレンドからも求められつつあるといえるのです。

情報サービスのパーソナライゼーション

個別のユーザーに対して個別最適化していく際の最大の課題は、コストが増大することです。それを解決する手法の一つが、パーソナライゼーションです。ITの力で、カスタマイズのコストを最小限に抑えることで、一人ひとりに異なる内容の製品やサービスを提供しながら、スケールメリットを実現するという方法です。パーソナライゼーションには基本的に情報技術を用いた仕組みの投資が必要になりますが、いったんできてしまえば、ユーザーが増えるほど平均のコストは下がっていきます。

たとえば、以前からネット広告の配信はパーソナライズされています。グーグルが提供するアドワーズは、ユーザーの検索履歴などを分析し、そのユーザーが興味を持ちそうな広告を表示する仕組みです。いったん仕組みを作ってしまえば、ユーザー自身の行動が貴重なインプットとなり、その人にさらに最適なサービスが提供されるのです。

検索結果の表示も、実はパーソナライズされています。グーグルで検索すると、人によって検索結果の表示順が異なることがあります。これは、その人の検索傾向や位置情報などから、「きっとこの人はこういう情報を探しているのだろう」と検索エンジン側が推測し、その人にあった結果を表示しているからです[27]。さらに、最近のブラウザはプリロード[28]という仕組みを設けています。リスト表示された検索結果から、その人がクリックしそうなページを事前にダウンロードしておき、いざクリックされたら瞬時に表示するという方法です。これによって、「サクサク動く」ブラウザが実現するわけです。最近では、尋ねる前から自分に必要そうな情報を表示してくれるＧｏｏｇｌｅ Ｎｏｗなどもあります。

27 https://www.ted.com/talks/eli_pariser_beware_online_filter_bubbles?language=ja.
28 https://applinote.com/ios/article/58924, https://medium.com/reloading/preload-prefetch-and-priorities-in-chrome-776165961bbf.

こうした情報検索におけるパーソナライゼーションは大きな問題としても指摘されています。その人の好みにあった政治的信条などの情報だけが表示されるようになると、世界は自分と同じ意見の人ばかりであるように見えてしまいます。バランスよく世界の情報を把握することができなくなってしまう現象で、「フィルターバブル」と呼ばれています。また、同じ意見の人ばかりに囲まれたような気になって一方向の議論になってしまうことを「エコーチェンバー」と呼びます。いずれにせよ、情報検索という画一的に思えるサービスも、一人ひとりに最適化されたサービスとして提供しうるというのは注目すべきポイントです。

製造業のマス・カスタマイゼーション

マス・カスタマイゼーションはITサービスにとどまりません。ナイキ社はスポーツシューズの配色やサイズなどを自由に組み合わせることのできるNIKEiDというサービスを2012年から提供しています。ネットから膨大な数の配色の組み合わせを自由に選択して発注すると、その情報がナイキの工場に送られ、カスタマイズされた靴が配送されてきます。しかも、コストは既製品とほとんど変わりません。筆者も何度か利用したことがありますが、好みのサイズと配色の靴を探し回るより、ダイレクトに発注できれば大きく手間を省くことができます。

こうしたサービスが可能になったのは、Ｗｅｂ上でユーザーが欲しいものを自ら確認して注文できるインタフェース、注文情報を管理し、工場に届けるシステム、そして注文内容に沿った製造を即時に行える製造システムなどが揃っているからです。同様のシステムは、スポーツ用自転車を展開するキャノンデールやトレックも提供しています。膨大な数の色や装備を柔軟に組み合わせて、自分だけの一台を作ることができます。

また画像解析による計測は、世の中のあらゆる情報を「データ化」する上で非常に重要な手法となっています。たとえば、駐車場の空いているスペースをリアルタイムで表示したい、と考えた時、これまでは、駐車スペースにセンサーを取り付け、車の有無をセンシング技術で把握するという方法がありました。これをＷｅｂカメラと画像解析で行うことができます。カメラで駐車場全体を撮影した映像から、映っている枠線の数をカウントし、それをもとに空いているスロットを割り出すことが可能なのです。カスタマイズに必要なデータの収集コストは、従来にくらべはるかに下がっています。

このようなカスタマイズはハードウェアの世界にも出現してきています。チームラボの高須正和氏は中国の深圳における「メイカーズ」（趣味的なものも含めて、自作でハードウェアを開発する人々）のエコシステムを詳細にレポートした『メイカーズのエコシステム[29]』を著していますが、その中で「Ｓｅｅｅｄ」という会社が紹介されています。Ｓｅｅｅｄは、「メイカーズ」のニーズに対応して、ごく小規模なロットから電子回路基板を作成してくれます。全世界からオンラインでデータをアップロードすると、数日で製作し、基板が送られてくるという仕組みです。こうした小規模ロットからの発注に対応するハードウェア基板メーカーには、ほかにも「ＥＬＥＣＲＯＷ」などさまざまな会社があります。

通常、こうしたハードウェアを開発するには数万個以上売れるという確証が得られなければ、製造に進むことは難しいでしょう。しかし、設計データのやり取りや、決済の仕組みがＩＴによって大幅に効率化されたことで、10枚単位で基板を製造することが可能になったのです。

しかも、Ｓｅｅｅｄはこうして受け取った設計データを、発注者の許可に基づき公開しており、別のユーザーが同じ設計図を使って発注することや、改変して、カスタマイズしたものを発注することもできるようになっています。一人ひとりの個別最適のニーズに対応しつつ、それをオープンソース化することでスケールするという戦略といえるでしょう。

個別最適化したものを横展開するというだけでなく、それを使って他のユーザーも含めたエコシステム、あるいはコミュニティを作るという発想は、これからますます重要になるでしょう。特に、マス・カスタマイゼーションをするということはデータのやり取りが発生するということであり、メーカー側には大量の顧客の好みに関するデータが蓄積されることになります。こうしたデータをマーケティングに活用し、関連したサービスに展開するなどの視点も必要です。

プラットフォームによるバラエティの実現

顧客ニーズに合わせてサービスをパーソナライズし、カスタマイズされた製品を製造するという方法のほかに、もう一つ個別最適を実現する方法があります。それが、プラットフォームによるマッチングです。プラットフォーム事業者は、自社ではサービス提供に関わるリソースを保有せず、ニーズとリソースをマッチングさせることに専念します。そのため、自ら製品やサービスを提供しなくても、多彩なバリエーションを提供することが可能です。

29　高須正和＋ニコニコ技術部深圳観察会（2016）『メイカーズのエコシステム』インプレスR&D.

たとえば、教育分野のプラットフォームだと、「Ｕｄｅｍｙ」、「Ｓｃｈｏｏ」、中国の「得到」など様々なものがありますが、そこで扱われているコンテンツはＷｅｂ開発、イラスト作成、デザイン、外国語、投資運用、起業の仕方まで多岐にわたります。Ｕｄｅｍｙは３万５０００人以上の講師が講座を登録しており、８万のオンラインコースがあるとされています（２０１９年１月８日時点）。

それぞれのコンテンツはニッチなニーズに応えるものかもしれませんが、講師側も個人であれば、十分な収入が得られます。マスマーケットに対する大量販売を前提とする大企業にはできない個別最適化です。また、プラットフォーム側は自社でコンテンツを抱えないからこそ、多様なニーズに応えるバラエティを用意することができるのです。

中国で盛んになっている「アーラマ」、「美团」などのフードデリバリーも同様です。北京、上海、四川、広東など多種多様な中華料理だけでなく、ベトナム料理、タイ料理、和食などの食事をアプリの中に揃えることができます。

ウーバーや、中国のＤｉＤｉ（滴滴出行）などの配車アプリも、多種多様な車種とサービスを用意しています。たとえばＤｉＤｉだと、一人用、相乗り用、高級車、空港専用、貸切、香港行き（深圳の場合）、６人乗り、伝統的なタクシー、自転車、運転代行、予約車など多様なメニューがあります。よほど大きなタクシー会社でなければ揃えるのは難しいバリエーションです。

つまり、プラットフォーム時代の個別最適の実現のためには、第３章で見たように「範囲の経済」が重要になるのです。なぜなら、顧客が必要な要素を組み合わせて提供するためには幅広い要素を用意しておかなければなりませんが、すべてを自社に抱えていてはコスト的に見合わなくなってしまいます。そこで、必要な時に必要なものを組み合わせて、顧客に提示する必要があるのです。外部のリソースに依存することで、顧客の好みに合わせた服、食事、住居、ワークプレイス、移動手段などを柔軟に提供することができるのです。

本当に必要なものならコストがかかってもよい

このように、ニッチを展開し、個別最適化のコストを下げるために、ＩＣＴを活用することは一つの方向性としてあります。しかし、もう一方の方法としては、そのコスト分をユーザーに負担してもらう代わりに、徹底的に個別ニーズに合わせたサービスを展開するという方法です。

テレビＣＭでもおなじみのライザップは、こうした個別最適化をアナログな方法で追求している企業です。個人個人の現状と目標（なりたい姿）に合わせてプログラムを作り、その実施まで密着して付き添うという考え方です。もちろんコストはかかりますが、ユーザーは、本当に必要なこと（ダイエットや筋力アップなど）を実現できるのであれば、そのコストを負担してもよいと考えるのです。ライザップは近年、フィットネスだけでなく、ゴルフや英会話などにも進出しています。

また、Ｎｏｏｍという企業は、スマートフォンアプリと連動して、ＡＩがユーザーに最適な健康指導をしてくれます。さらに、管理栄養士が個別に食事や運動などのアドバイスを提供します。徹底的に個別のニーズに寄り添ったサービスを提供しています。

あるいは、熊本に本拠地を置くアパレル関連の「シタテル」は、全国に分散した縫製工場の空き時間などをコーディネートして、小ロットでの洋服を個別の注文に応じて生産するサービスを提供しています。個別のニーズに対応した、マスプロダクションではない製品を、多数の工場を連携させることで生産するというプラットフォーム的な企業ともいえます。

結局のところ、個別最適化は、アウトプットではなくアウトカムを目標にするということでもあります。これまで、パッケージ化されたサービスにおいては「何を提供するか」が重要でした。フィットネスでも、英会話でも、決められたサービスを提供しさえすればよかったのです。それをどう使って成果を出すかはユーザー次第でした。個別最適の時代には、最終的な成果やゴールなど「アウトカム」に着目し、それを実現させることが求められます。

逆にいえば、アウトカムを本当に出すためには、個別最適化をする必要があるのです。なぜなら、それぞれのユーザーは個別の事情を抱えており、また目標とするものも異なります。同じサービスを提供したからといって、期待される成果が得られるとは限りません。ユーザーにとって本当に望んでいることはサービスを受けることではなく、自分がめざす状態を実現することであり、そちらの方に高い価値があることはいうまでもありません。アウトカム志向は、必然的に個別最適化を求めることになるのです。

ハードウェアも個別最適の時代

ここまで、エンドユーザーにとっての個別最適化をビジネスモデルの観点から見てきましたが、一般ユーザーから見えないハードウェア、インフラ、そして国家や地域といった単位においても、同様に個別最適化の追求が重要になりつつあります。以下では、こうした技術や社会の側面についても触れていきたいと思います。

全体最適の非効率性は、ハードウェアの世界でも明らかになりつつあります。CPUの初期の開発者で、スタンフォード大学の学長やグーグルの会長を勤めたジョン・ヘネシー氏は、グーグルが主催する開発者向けの祭典「Google I/O」（2018年5月開催）で、用途に特化したCPUの開発を提唱し、その構想を「ドメイン・スペシフィック・アーキテクチャ」として示しました。

ヘネシー氏が語るその背景には、「ムーアの法則」の終焉があります。ムーアの法則とは、集積回路の集積度が2年おきに2倍になるというもので、コンピュータの性能が指数関数的に向上していくことを表しました。また、一単位のシリコンが消費する電力は一定であるという「デナードの法則」というものもあります。これまで、ムーアの法則とデナードの法則が集積回路の設計に貫徹されることで、シリコン内の集積度が上がっていく一方、消費電力は一定ですから、電力あたりの処理能力は飛躍的に向上してきました。

スマートフォンやIoTなどの普及で、世界中で使用されるコンピュータの数は飛躍的に増加しています。普通に考えれば、電力消費量も飛躍的に増大し、電力システムが破綻してもおかしくないのですが、そうならなかったのはムーアの法則とデナードの法則が成り立っていたからです。問題は、ムーアの法則に陰りが出てきていることです。実際、ヘネシー氏はここ最近CPUの性能が2倍になるまでに、2年どころか7年かかっていることを示しています。

そこで、電力消費を抑えるコンピュータの実現が課題となりますが、鍵となるのは用途に特化したCPUの開発です。これまでのCPUはあらゆる用途に対応し、様々な命令を同時に実行することをめざして開発されてきました。そのため汎用性は高くても、電力効率は非常に悪いのです。人工知能やVR（仮想現実）など用途に特化したCPUを開発することで、電力効率の良いコンピュータを実現しようというのです。これまでは汎用的なCPUを、ソフトウェアを工夫することで性能を向上させようとしていましたが、専用ハードウェアには及びません。実際、パイソンで書いたプログラムに対して、ドメイン・スペシフィック・アーキテクチャだと6万2806倍も高速に処理できるといわれます。

個別最適化されたハードウェアの一例が、ビットコインのマイニングに使用されるASICと呼ばれるチップです。ビットコインのマイニングでは、ハッシュ処理と呼ばれる特殊な計算処理を大量に行うことが求められます。この計算の速さによって、マイニングの報酬としてビットコインを受け取ることができるのです。もちろん、一般的なノートＰＣやスマートフォンでもハッシュ処理は可能ですが、世界規模でその速さを競争するような状況になると、専用ハードウェアの方が圧倒的に有利です。ＡＳＩＣチップは中国で大量に製造されており、一時中国がマイニングの中心地といわれていた背景には、こうした個別最適化されたハードウェアの存在がありました。

ヘネシー氏が言うように、電力における制約が露見してきたこともあり、資源を無駄なく利用するという観点からも、個別最適化が求められています。もちろん、専用のハードウェアを作るにはコストがかかります。新たな設計も必要で、製造設備への投資も不可欠です。したがって、今後はハードウェアも含めた個別最適化や、カスタマイズを行う設計や製造のコストをいかに下げていくかがイノベーションの重要な観点となるでしょう。

センサー技術でインフラを個別最適化する

センシング技術、決済、情報分析（ＡＩ）などの技術をフル活用すれば、一律のパッケージ化されたサービスを個別最適化し、資源をより有効に活用できるようになります。
たとえばシンガポールでは、ＥＲＰ（Electronic Road Pricing）という課金サービスが導入されており、街中の様々な道路において、混雑度合い、時間帯、車線など、それぞれのリソースの価値に応じて、最適化された金額が課金されるようになっています[30]。高いお金を払ってでも速く行きたい人、時間がかかっても安くあげたい人など、道路というリソースに求めるものは人それぞれです。既存のサービスとインフラであっても、ＩＣＴによるサービスを付加するだけで、それぞれの事情に最適化されたものに変貌するのです。

ここで重要な技術の一つは、センシングであり、認証技術です。どの車がどこを通ったのかを確認できなければ、課金もれが発生したり、別の車に課金してしまったりすることになります。ＥＴＣのような車載機とゲートで認証するのは一つの確実な方法ですが、最近はもっと簡単な方法が生まれてきています。それは画像認識を応用したものです。

30　前掲　高須正和＋ニコニコ技術部深圳観察会（2016）。

アマゾンは、米国で無人のスーパー「Amazon Go」を試験的に運用しています。これは顔認証や動作の画像を解析することで、だれがどの商品を持って行ったかを認識し、代金はその識別された認証情報に紐付けられたクレジットカードにより決済されます。これによって、「レジに並んでお金を払う」というゲートがなくなり、シームレスに人がモノを手に入れることができるようになります。

また、ある中国企業は、ガスや水道のメーターに対して、パーツを後付けすることでスマート化する技術を提供しています。超小型カメラでメーターの数字を読み取り、それを携帯電話のネットワークでセンターに送信し、データを一元化するのです。これによって、いちいち係員がメーターを見に行く必要がありませんし、データを分析することで様々なニーズを発見し、対応することができるでしょう。スマート化するために、メーター類を総入れ替えする必要はないのです。

一方、日本でも最近見かけるようになったのが、ナンバープレート認識型のコインパーキングです。通常のコインパーキングには、車が動けないようにするための板を立てる方法をとっています。料金を払って初めて駐車板が下がり、出庫できるようになります。一方、ナンバープレート認識型では、そうした駐車板はありません。料金を払って出るだけです。払わなくても、止めるものはありませんので、そのまま出庫してしまうこともできます。しかし、ナンバーをカメラで認識して記録していますので、次回駐車した際に請求されることになります。こうした方法は、機械による強制的な仕掛けがない分だけ、トラブルが少なく、メンテナンスにかかる費用も節約でき、ドライバーにとってもストレスなく駐車することができます。

このような技術が進んでいけば、駐車違反の取り締まりも、ナンバープレートを自動的に読み取って、あらかじめ登録されたクレジットカードから引き落とす、ということも技術的には可能です。現実に、幹線道路で一台だけ路上駐車されているために、渋滞が引き起こされているということはよくあります。「路上駐車を警察官が取り締まる」という枠組みは、人件費など取り締まりに莫大な費用がかかります。それよりも、幹線道路を極めて料金の高い駐車場と位置付け、駐車したらその自動車のナンバーを認識して、自動的に10万円を引き落とす、としたほうが抑止効果もあります。もちろん、ごく短時間の駐車や、やむを得ない事情など考慮すべき事項をどのように組み込むか課題はありますが、センサーで常時認証できるということは、そうしたインフラの使い方をする可能性もあるということです。

センサーを使ってリアルの現象を「データ化」することは、インフラを個別最適化されたサービスに転換するための第一歩でもあるのです。

地域活性化のデフレーミング

デフレーミングの原則は、地域活性化といった社会的な領域についても当てはまります。地域によりまったく異なる特性や価値をいかに引き出すかが地域活性化の要諦であり、すべての地域に当てはまる最適解はありません。こうした文脈のもと、地域特有の価値を見える形に変換し、流通できる技術として、仮想通貨、あるいはブロックチェーン技術を使うことができます。

ブロックチェーン技術に基づく仮想通貨が、従来のお金や電子マネーに対して何が決定的に違うのかといえば、特定の信頼できる組織によるバックアップがないということです。不特定多数の参加者により、マイニングという作業を通じて支払い記録が管理されるだけで、偽造も二重払いもできない仕組みを作ったところに、その新規性があります。ということは、日銀のような国のバックアップを受けた権威ある組織でなくとも、価値を記録し、流通させるための媒体（一般的にマネーと呼びますが）を生み出すことができるようになったのです。

これによって、日本円の世界とは緩やかにつながりつつも、柔軟に変動できる経済圏を作ることができます。たとえば、国際大学ＧＬＯＣＯＭも参加して行った会津若松の「萌貨」という仮想通貨の実証実験では、住民同士が出会って話をすることを地域に対する価値と捉え、住民同士の会話というアクションに対して新規の「萌貨」を発行するという設計をしました。その結果、萌貨を得るために、たくさんの若い人たちが話をするということにつながったのです。

これをもし出会ったら１００円をあげる、となると、日本円の世界での１００円の価値と比較してしまうので、慎重になってしまうでしょう。出会ったことの社会的価値に特化した通貨を発行することで、まったく違う価値基準を持つ経済圏として成立する可能性があるのです。同じようなことは、ＩｏＴにおけるデータ交換や、大学・サークル内の価値交換などについてもいえます。

ブロックチェーン技術を用いて価値記録手段を提供することで、特定の社会で交換される価値を顕在化し、価値の流通をさらに促進することができます。「日本円」という単一通貨に縛られることなく、それぞれの通貨圏に適した価値で外部とのやりとりが可能になるのです。仮想通貨というと、投機的な動きやハッキングなどネガティブな側面が強調されたりしますが、本来、多種多様な価値を顕在化して、取引可能なものにすることに意義があるのです。

ユーロにみる単一通貨と全体最適の問題点

個別最適を非常に大きな視点で見れば、一つの通貨が広い範囲の多様な経済に適用されていることも、課題がないとはいえません。それが端的に表れているのがEUで導入されているユーロです。

ユーロは、欧州が政治的にも経済的にも統合の度合いを深めていく中、特に単一市場の形成を通じて米国などの規模の経済への対抗を図る取り組みの一環として1999年にスタートしました。単一通貨によって直接的に解決したいことは、域内の両替コストや、為替変動リスクを削減することです。通貨が統一されていれば、両替コストや為替リスクを考慮することなく、自由に域内での貿易や投資が可能となり、より広い範囲で規模の経済を活かし、資源の最適配分が促進されることが期待されます。

一方、ユーロに参加するには、物価の安定、低い長期金利、為替相場の安定、財政規律（財政赤字がＧＤＰ比３％以内、累積債務がＧＤＰ比60％以内）という４つの条件を満たす必要があります[31]。こうした制約が、域内各国の財政の改善、金利・物価の安定という副次的効果をもたらしてきたのは事実です。

しかし、単一通貨には負の影響もあります。ユーロ導入前は、各国で景気が悪い時期には金利を下げて融資を促し、さらに金利低下が結果的に低い為替レートをもたらして輸出を刺激することもできました。また、各国の独自通貨であれば、輸入が大幅に超過した際には、自国通貨の売りが増えて為替レートが下がり、結果的に輸入品が高く、輸出品が安くなります。こうして自動的に輸出入のバランスが取れるよう自動調整されるのです。ノーベル経済学賞を受賞したスティグリッツは、ユーロ導入により単一通貨となったことで、欧州各国の政府はこうした経済調整メカニズムを利用することができなくなり、結果として国によって大幅な貿易不均衡をもたらすことになったことを指摘しています[32]。

31　田中素香（2010）『ユーロ　危機の中の統一通貨』岩波新書。
32　Joseph E. Stiglitz (2016) The EURO and its threat to the future of Europe, Allen Lane.

一般的に、こうした負の影響なく単一通貨が機能するためには、域内の経済状態が非常に似ていることに加え、4つの自由、すなわち商品、サービス、資本、人の自由移動が実現されなければならないとされています。[33] 中でも人の移動は重要で、たとえば、特定の地域の経済に問題があるとすれば、人々はより経済力のある地域へ移動することで問題は解決されるという考え方があります。連邦制の米国で単一通貨ドルが機能しているのは、こうした人の自由移動が実現されているからであるとされています。[34]

しかし、欧州では移動の自由があるとはいえ、各国の制度や文化、言語等の影響もあり、国をまたいだ移住には一定の限界があります。単一通貨によって、個別地域の事情に応じた金融的な調整が効かず、また人の移動も制約があることから、ギリシャのように国によって大量の失業が出たりすることがあるのです。

そもそも欧州で単一通貨ユーロを導入するメリットとして挙げられていたのは、両替コストの削減や、為替変動リスクの低減でした。確かに、国境を越えるたびに両替を行う手間やコスト、使えなくなる硬貨などの損失は、一般の旅行者であっても十分理解できます。また地域を超えて投資しようとしても、為替変動リスクがあれば業績や資金繰りにもリスクが伴います。

しかし、近年のＩＣＴの使い方によっては、単一通貨という「パッケージ化」された手法ではなく、個別最適化された通貨を連動しつつ、リスクを低減する方法も考えられます。たとえば、近年ではクレジットカードやデビットカードの普及によって、海外旅行の際に現金を使う機会は極めて少なくなっています。中国では地下鉄の券売機から、コンビニ、タクシー、八百屋に至るまで幅広いところで、スマートフォンを使ってＱＲコードを読み取り支払うモバイルペイメントが普及しています。必要な分だけオンラインで処理し自動的に両替・清算されるようになれば、為替手数料はかかるものの、手間という点では大きく削減されます。

また、為替手数料については、これまで両替の際にＴＴＳ（売値）とＴＴＢ（買値）が設定され、差額が両替所の利益となり、ユーザーにとってのコストとなっていました。しかし、「Transfer Wise」というベンチャー企業は、海外送金に際して直接海外に送金するのではなく、各国内で資金需要のマッチングを行うことで、国内送金のみによって事実上の海外送金を実現することに成功し、実質的にＴＴＭ（仲値）での両替を可能にしています。こうした仕組みが普及・高

33　前掲　田中（2010）。
34　前掲　Joseph E. Stiglitz (2016)。

度化していけば、個人だけでなく企業にとっても両替コストを意識せずに事業が行えるようになります。

先に見たように、為替変動はリスクでもありますが、貿易不均衡に対する調整弁でもあります。これについても、企業の投資や販売において為替変動が障壁になるようであれば、それを積極的に取り除く方法も検討することができます。代表的な手法としてはデリバティブによる通貨のヘッジ取引でしょう。これまではおもに大企業や機関投資家、金融機関が扱うものとなっていましたが、一般消費者や日々の経済活動にまで使えるようなライトな商品が開発されてくれば、状況は変わります。為替は基本的にゼロサムであり、市場参加者の利害をうまく調整できれば、変動リスクを互いにヘッジすることができる可能性があります。

欧州では、カタルーニャの独立問題にみられるように、EUという大きな傘による統合という方向と、ミクロなコミュニティの独立という二つの力が働いています。現在ビジネス・ブレークスルー大学学長を務める大前研一氏は、グローバル経済の中で反映するのに適切な規模を持った「自然な経済単位」としての「地域国家」を提唱されました。[35] 個別地域の事情や特性を活かせる経済取引の多様性とグローバルな効率性を、ICTの力でいかに両立させるかが、これからの社会経済システムにおける課題です。

個別最適化の限界

本章ではデフレーミングの第2の要素、個別最適化を見てきました。その本質は、利用者の真のニーズや事情に対応するということです。スニーカーの例で示したように、欲しいものを探し回るよりも、その人に合ったものを製造するほうがずっと正確にニーズに応えることができます。情報技術の発展により、さほど高くないコストでこうしたカスタマイズが可能になりました。

ただし、カスタマイズやパーソナライズが万能かというと、必ずしもそうではない場合もあります。本人が気づいていない価値をパッケージとして提案することで、本人がデザインするよりも良い結果を生む場合があります。デザイナーという職業は、何らかの問題を解決するために、視覚的、造形的なスキルを元に解決策を提示するものです。普通の人が設計するよりも、優れた

35　大前研一（1995）『地域国家論　新しい繁栄を求めて』講談社。

ものを提案してくれる可能性は多分にあります。

また、ブランド品などは他人から承認されることが購買の主たる動機となる場合もあります。この場合には、自分にぴったり合ったもの、自分にしか価値がないものよりも、エルメスのバーキンというバッグのように、多くの人が同じように高く評価するものの方が、本人にとっても高い効用をもたらす可能性があります。また、リセールバリューを考えると、既製品の方が流通させやすいということもあるかもしれません。

したがって、本人に強いこだわりがないものや、他者からの評価が重要なブランド品、リセールバリューが重要なものなどは、これまで通りパッケージ化された商品の方に合理性があるでしょう。しかし、それ以外のものについては、ユーザーのニーズにできるだけマッチしたものを提供できれば、ユーザーの満足度も高くなり、継続的な利用も期待されることになります。

個別最適化はコモディティ化を避けるための差別化戦略でもあり、そのためのサービス化でもあります。多様化する個人個人の嗜好やニーズに対応し、状況に応じて資源を最も効率的に利用することでもあります。そのためにはマス・カスタマイゼーション、パーソナライゼーション、センサーによるデータ化、ＡＩによる分析、プラットフォームによる範囲の経済などを組み合わせる必要があります。個々のニーズに応えられるようなビジネスと社会経済システムを作り、多様性のある経済のメリットを実現していくことが、今後の課題となります。

第5章　個人化

本章では、デフレーミングの第3の原則、「個人化」を見ていきます。個人化とは、企業という「枠」を越えて、個人がより活躍することを意味しています。これは今後の働き方やキャリア設計、学び方にまで影響を与える要素です。

現代のビジネスの資源を持っているのは「個人」

現代のビジネスに必要な観点で、今までと最も異なるのは、「情報をだれが持っているか」です。インターネット以前の世界は、情報伝達の範囲が限られていたため、全体像や最新動向を把握するのは極めて困難でした。多くの人を抱える組織のトップや、多額の金額を払ってコンサルタントから情報を収集しなければ、知識の全体像は見えてこなかったのです。しかし、いまやだれでもＷｅｂである程度、世界の最先端の情報やコミュニティにアクセスできる時代です。組織力で情報を集約しなくとも、新入社員でも、学生でも、社会の様々な場所で最先端の知識を収集できるようになりました。情報が経営にとって重要な資源になる一方、組織の上に行けば行くほどどリッチな情報を持っているとは必ずしもいえなくなっています。

プログラミングなどのＩＴスキルなども、最新情報が早く流通するようになったことで、容易に習得することができるようになりました。また、技術の進歩で、従来は１００人がかりでなければ作れなかったアプリケーションを、いまでは一人で作ることができます。

組織は、「情報処理装置」であるともいわれています。理論編のところでも示しましたが、従来は効率的な意思決定のために、現場の社員から階層組織の上方に向かって情報を集約し、上位層にて意思決定を行うことで、効率的な運営が行われるというモデルでした。その際には、上位にいくにしたがって効率的に情報を咀嚼できるよう「抽出」し、情報量を減らすのが一般的です。こうした情報を伝達するコミュニケーション・チャネルが、その組織「らしさ」を規定してきたのです。

しかし、現代のビジネス環境において、こうした情報集約型の階層組織経営には限界がありま す。第一に、ビジネスに必要な技術的情報の変化があまりに早く、下から情報が上がってくるのを待っていては環境変化に追いつかないということがあります。極端な例かもしれませんが、新

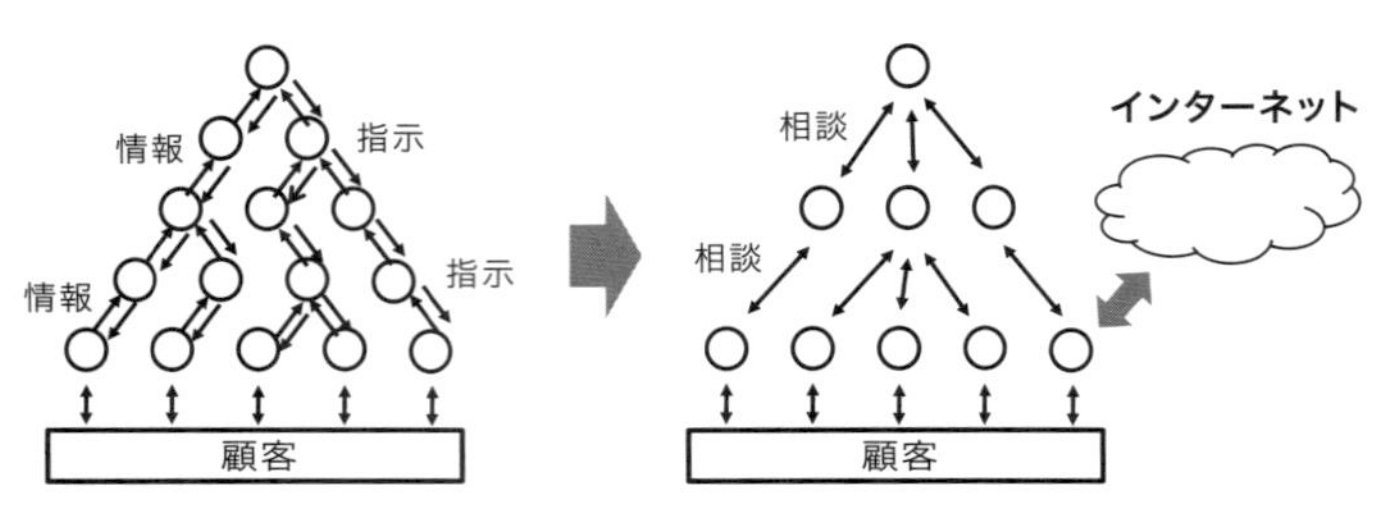

図 5-1　組織内コミュニケーションの変化

技術の重要性に現場の社員が気づいても、その情報が社長まで上がるのには数カ月から数年かかることもあるかもしれません。

第二に、特に情報技術に関する最新動向は、それを抽出して小さくしてしまうと、その本質が伝わらないということもあります。「シェアリングサービスというものがある」ということをＡ４一枚のレポートで読むことと、実際にウーバーやエアビーアンドビーを使ってみることには理解度に雲泥の差があります。情報を抽出してしまうと、重要な本質が抜け落ちてしまう可能性があり、それよりも実際に見て、触ってみる方がより深く理解することができます。

第三に、現場のニーズが多様化しており、そうした多様なニーズをいちいち上位層に上げて意思決定を仰いでいたら、上位層の情報処理能力がパンクしてしまいます。

これまででしたら、ビジネスの対象は明確で、意思決定に必要な情報を集めるためのコミュニケーション・チャネルも一度確立すれば長く使えるものでした。たとえば半導体事業であれば、世界の半導体価格や大手メーカーの製品開発の動向、工場の建設や稼働率といった情報を定期的に集めておけばよかったのです。それが、対象となるビジネスが頻繁に変わるということになれば、一度確立したコミュニケーション・チャネルはまったく機能しなくなります。変化の早い時代には、コミュニケーション・チャネルをできるだけ短くフレキシブルにしておく必要があるのです。

つまり、情報を持っていない人がコントロールするよりも、必要な情報やスキルを持っている人たちに、極力コントロール権を委ねる方が、組織を有効に機能させ、それぞれの資源を活用できることにつながるのです。一方で、こうした情報へのアクセス力の変化は、社会の分散化への大きな原動力となっています。

シェアリング・エコノミーは個人化の典型

こうした個人化がもっとも顕著に現れているのは、シェアリング・エコノミーのサービスです。

シェアリング・エコノミーでタクシーサービスを提供するウーバーは、顧客の目線から見ればタクシーと同じです。しかし、事前にクレジットカードを登録しているので支払いの手間がないことや、スマートフォンのＧＰＳを使って簡単に呼べること、行き先は事前に登録するので道順を説明する必要がないこと、経路が記録されるので遠回りをされるリスクも低いといったことが、タクシーサービスに対する隠れていた不満を解消することになり市場に受け入れられていきました。

加えて、提供側にとっては、空いた時間、空いた車を持っている人たちをネットワーク化することで、従来の雇用に伴うコストを大きく削減することになりました。必要に応じて、ニーズを満たすためのリソースを持っている人がその業務を担当することになったのです。

ウーバーはこうした提供側、利用側双方のニーズをうまく見つけ出し、タクシーサービスというレッドオーシャンで一定の市場を獲得したのです。日本では規制もあり、あまり見かけませんが、類似のＬｙｆｔなどを含めれば米国やイギリス、中国など、諸外国ではかなり普及しています。

新しくみえるサービスも、ほとんどは既存のサービスの形を変えたものです。たとえばクラウドファンディングは、寄付という伝統的な仕組みをオープン化、見える化して、だれでもプロジェクトに貢献できるようにしたものです。ただ、これまでは寄付の対象となる案件がどこにあるのか、寄付者側から見つけることが難しく、また寄付の手続きも整っていなかったため、わざわざ相手側に連絡し、寄付のやり方を調整するなど面倒な手続きが多かったのです。ＩＴの力でマッチングが飛躍的に向上したことで、簡単に寄付先を見つけることができるようになりました。

また、手続きも簡単に済むことで、寄付というチャネルが一気に大きくなりました。そこで重要なことは、それによって「魅力的な寄付案件のプロデュース」という仕事が新たに生まれたことや、これまで寄付を求めることなど思いもつかなかった個人、商店、飲食店などが、クラウドファンディングという形を通して寄付を集めようという発想を持つようになったことです。物事の本質は変わっていなくても、取引コストが一気に削減されることで、質的な変化を産み、事業のバリエーションが増えていくということがあるのです。

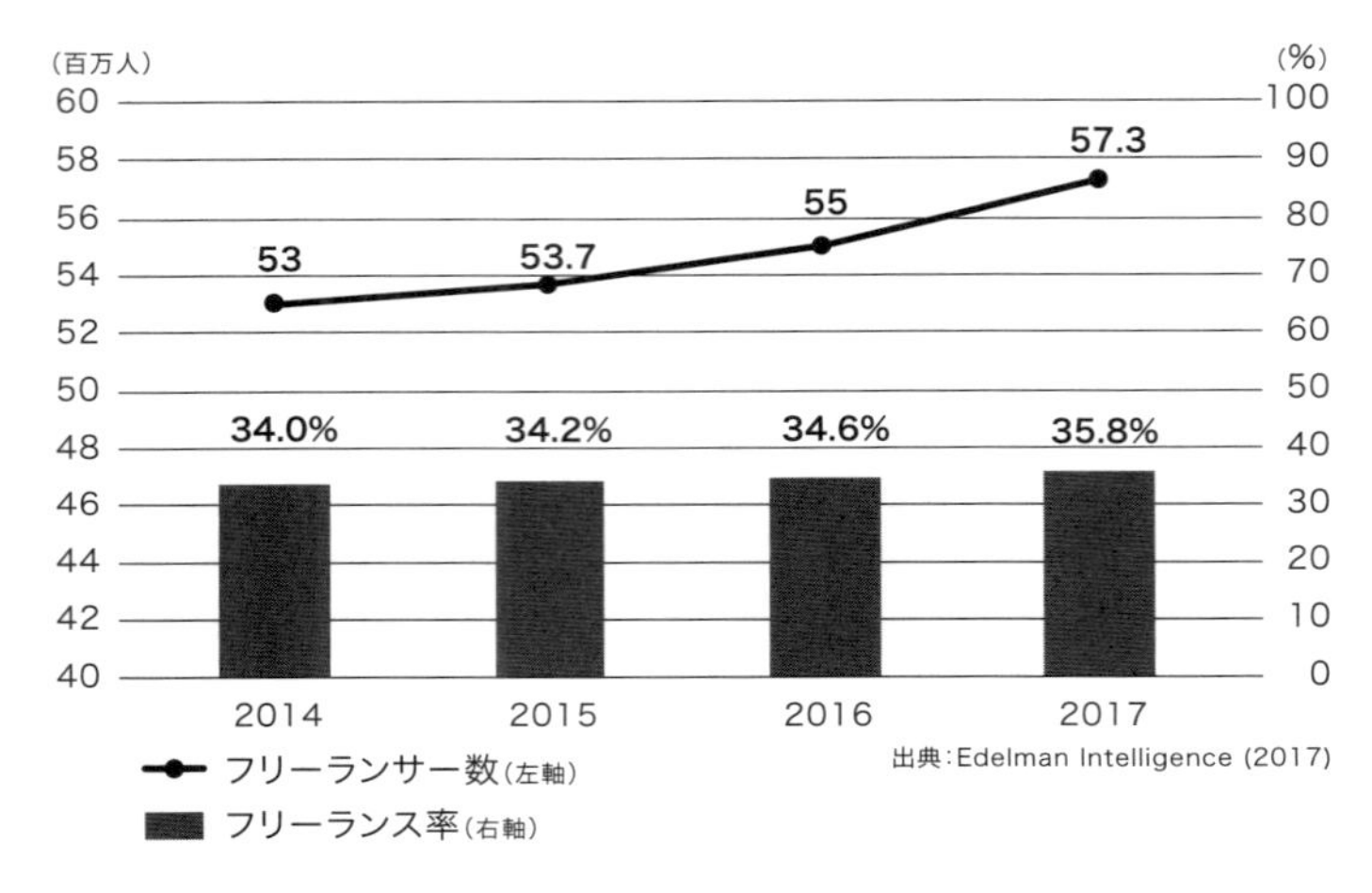

図 5-2　米国におけるフリーランサーの数と労働人口における割合

米国におけるフリーランスの増加

こうした働き方のデフレーミングを象徴的に表しているのが、フリーランスです。フリーランスは簡単に言うと個人事業主で、企業等に所属せずフリーで企業等から仕事を受注して生計を立てています。日本でも増加していることは先にも紹介しましたが、こうした変化をもっとも先取りしているのは米国です。

米国は技術の普及も早く、また雇用も流動的なので、こうした変化が早く訪れる傾向にあります。たとえば、ソフトウェア開発やコールセンターなどのオフショア・アウトソーシングによる雇用への影響は２００４年にはすでに政治的課題になっていましたし[36]、日本ではいまだに普及していないライドシェアもすっかり定着しています。

この米国において、近年フリーランスが急速な勢いで普及しています。ある調査によると[37]、米国において5730万人がフリーランサーとなっており、年々増加しています。また、総労働人口における割合も35・8％に達しています（図5-2）。その米国経済への貢献は1・4兆ドルということですが、米国のGDPが18・5兆ドルですから、およそ10分の1はフリーランスが支えていることになり、無視できない規模です。もっとも、労働人口に対する割合が3割を超えているのに、GDPへの貢献は1割程度だということは、必ずしも経済的に恵まれているというわけではないことにも注意が必要です。

フリーランサーは若い世代に多く、働いているミレニアム世代の47％にも登っています。つまり、これらの世代以降が継続的にフリーランスを選ぶとすれば、さらに多くの割合がフリーラン

36 https://scholar.harvard.edu/files/mankiw/files/outsourcing_-_march_7_2006.pdf.
37 Edelman Intelligence (2017) Freelancing in America: 2017.

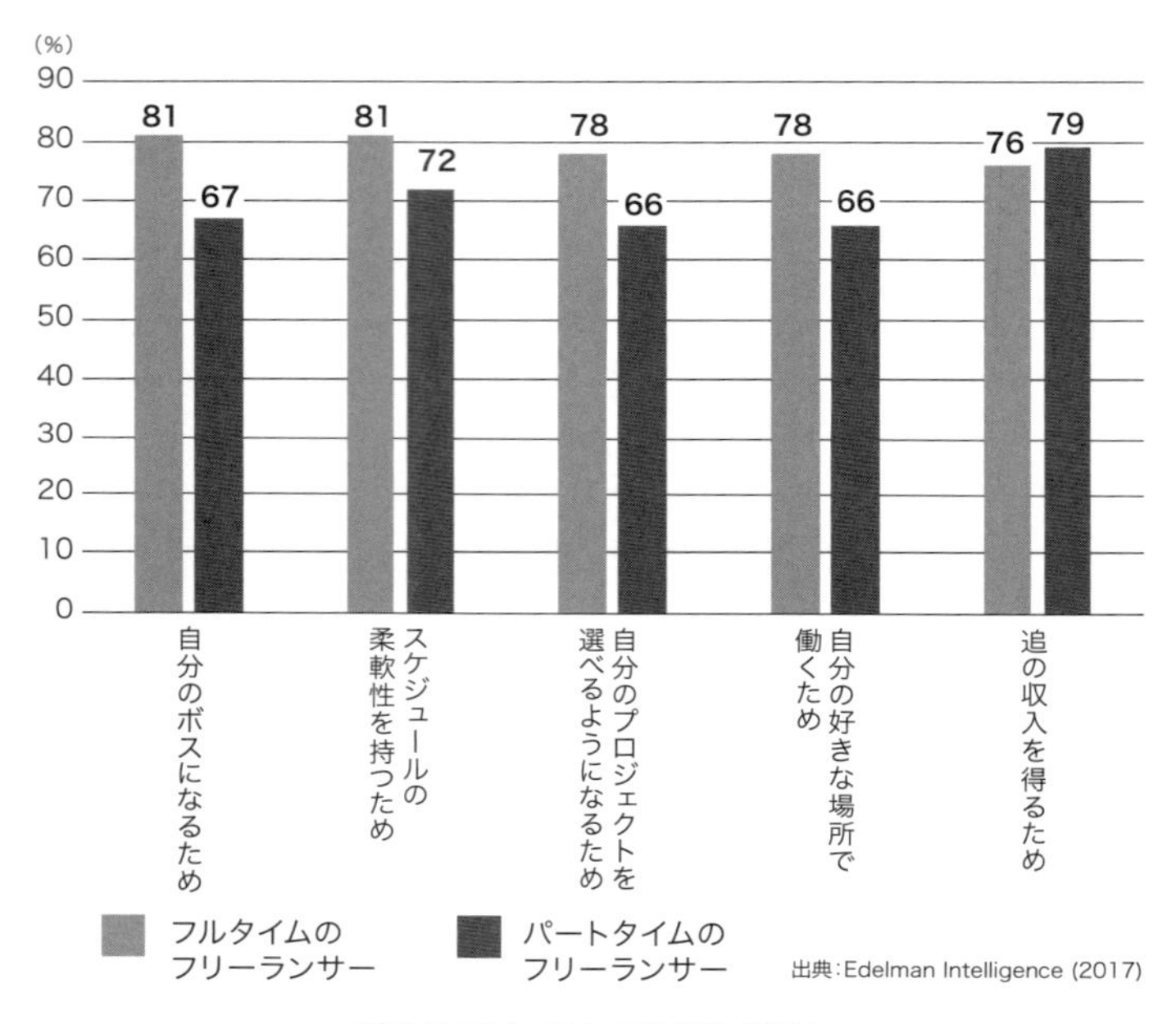

図 5-3 フリーランスを選んだ理由

サーになるでしょう。同調査の推計では、2027年にはフリーランサーが雇用労働者を超えるとされています。

また、同調査によると、職業としてフルタイムのフリーランサーを選んだ理由は、上位から「自分自身のボスになるため」すなわち自律性を持って働きたいということ、そして「スケジュールの柔軟性を持つため」、「自分でプロジェクトを選ぶため」、「好きな場所で働くため」というものです。つまり、より自律性と柔軟性をもって、自由に働きたいというニーズが高まっているのです（図5-3）。

これは、生き方に関する価値観の変化でもありますし、情報でエンパワーされた個人が大企業などの階層的な組織で働くことの非効率性が顕在化している結果でもあるかもしれません。

プラットフォームがもたらす産業の個人化

このように個人で業務を担えるようになった背景には、個人と発注主をつなぐプラットフォームの存在が欠かせません。先に見たように、今や、食事からコンビニ、スーパーでの買い物などなんでもデリバリーする中国では、配送員がこうしたサービスの鍵となっており、その配送員たちは「美団」などのプラットフォーム上で市場的に活動しています。

プラットフォームによる産業の個人化は、クラウドソーシングという形で顕著に表れています。クラウドソーシングは、ソフトウェア開発からホームページ作成、デザイン、記事作成など多種多様な業務をマッチングするもので、個人でも参加できることが特徴です。国内でもクラウドワークスやランサーズなど複数のプラットフォームが提供されています。図5-4は国内のク

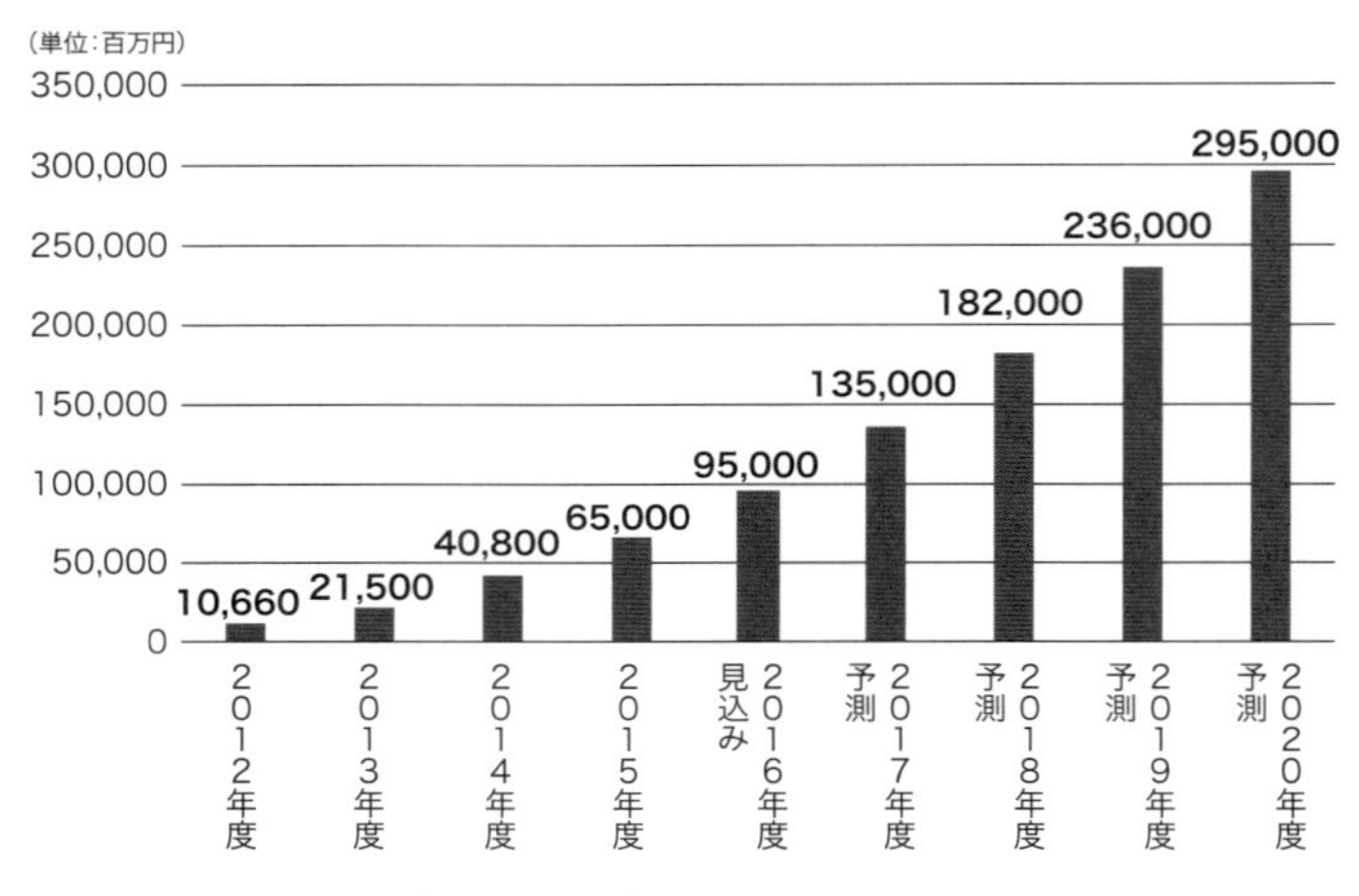

出典:矢野経済研究所「クラウドソーシングサービス市場に関する調査結果 2014」、同2016年11月11日)、平成27年版　情報通信白書、一般社団法人クラウドソーシング協会 資料より作成

図 5-4 国内クラウドソーシング流通金額規模

ラウドソーシングの流通金額規模を示したものですが、２０２０年度には３０００億円規模に成長する見込みです。今後兼業・副業が盛んになれば、クラウドソーシングの利用者はさらに増える可能性があります。

　プラットフォームの進化による個人化は、より特化した分野でも見ることができます。その代表格は教育分野における「Ｕｄｅｍｙ」です。Ｕｄｅｍｙは米国発祥のプラットフォームですが、プログラミング言語からビジネススキル、デザイン、マーケティングなど、おもに社会人のスキルアップに役立つ講座を10万以上ラインナップしています。中には、Ｗｅｂエンジニアになるためのプログラミング（HTML5, WordPress, CSS3, Javascript, Bootstrap 4,PHP, Python, MySQL）を網羅的に学べるコースもあり、世界中で30万人が受講しているコースもあります。

一つの講座は数千円～数万円程度で受講可能です。また、世界中３万５０００人以上の講師が講座を登録しており、講師は受講生が有料コースを購入するたびに収入を得ることができます。講師も個人としてＵｄｅｍｙで教育の仕事を行うことができますし、受講生も講座単位で受講できます。まさに、提供者もサービス内容も同時にデフレーミングが進んでいるのです。

こうした教育の個人化は中国でも進んでいます。中国では、知識を得るためにお金を払うことは当たり前になっており、「オンライン有償知識市場」が確立しています。その市場規模は年々拡大しており、２０１７年で約８００億円、２０２０年には約４０００億円にもなるとされています。[38] 中国の「オンライン有償知識市場」を仲介するプラットフォームが複数存在していますが、その一例として「得到」（ダーダオ）というアプリがあります。スマートフォンのアプリ一つで、

38　iResearch（2018）中国在线知识付费市场研究报告。

自己啓発に関することから、テクノロジー&イノベーション、人文・哲学、社会学、歴史、経済学、金融、経済、商業、生命科学、物理、天文学、医学など、ありとあらゆる分野で、講義を聴くことができます。

一話は10分から30分ほどで、一課程は数話から数百話で構成されています。基本は音声での講義ですが、講義の原稿もテキストで読むことができます。通勤途中など細切れの時間でも勉強できるようになっているのです。筆者が中国で出会った若手のＩＴ系キャリアウーマンも、働きながら得到で勉強しているとのことでした。

得到ではありとあらゆる分野の専門家が、自分の講義を公開しています。場合によっては1コース年間２００元（約３５００円）で、読者数が20万人ほどいるケースもあるとのことですので[39]、その場合の売り上げは単純計算でも7億円になります。また、アイリサーチのレポートによると[40]、知識にお金を払うサービスが普及した背景には、モバイルペイメントや様々なプラットフォームが普及したことで、容易にサービスを発見し、支払うことができるようになり、コンテンツに対してお金を払う習慣ができたことも大きいと指摘されています。

これまで、学校や大学という枠に入り、そこであらかじめ決められた講義を受講するというスタイルだった教育市場は大きく変わり始めています。プラットフォームの普及によって、必要なものを必要なだけ、そして気に入った講師から学ぶことができる時代になってきているのです。将来的には、学習者が自ら主導して教育カリキュラムをデザインして受講し、自分の教育体験を管理していく時代になるかもしれません。その際には、特定の教育機関に依存せずに記録と証明を行えるブロックチェーン技術が役に立つこともあるでしょう。提供側の産業構造も、そして教育内容も、バラバラに細分化され、学習者に最適なように組み換えられるデフレーミングが進んでいるのです。

個人によるインフルエンサー・マーケティング

一方、ビジネスの面では、こうした個人化した主体とどう付き合い、生かしていくかは重要な観点となります。

39 https://toyokeizai.net/articles/-/221045?page= 参照。
40 前掲 iResearch (2018)。

たとえば、現代社会のビジネスにおいて重要な知識や問題意識、洞察力、解説力を持った人は、テレビ局や新聞社などのメディアの中だけにいるとは限りません。様々な分野で別の仕事に従事している人たちの中には、個々のニュースや出来事の背景をよく知っている人や、解説力に富んだ人もいるでしょう。こうした人々の解説力や着眼点をうまく活用しているのがニューズピックスというサービスです。

ニューズピックスは、ユーザー（ピッカー）が選んだネット上の記事をピックアップし、コメントを付与して投稿するというサービスです。様々なソーシャルメディアとも連携しているため、自分があたかも解説者のようにニュースに解説を付与して、広くネット上の知り合いに視てもらうことができます。

視る人にとっては、様々な分野で活躍している人たちが、あるニュースをどう受け取り、解釈しているのか、またどのような意見を持っているのかを知ることができます。テレビの解説者だけではない、多様な意見に触れることが可能です。また、ピッカーにとっては、時事問題に対してひとこと言いたい、自分の意見を発信したい、それによってプレゼンスを高めたい、というニーズを満たすことができます。

また、最近存在感を高めているユーチューバーは、グーグルが運営する動画配信サイトのユーチューブで様々な番組を提供することで、グーグルから支払われる広告収入を得るというビジネスモデルを持っています。商品の紹介から、ファッションの着こなし、ゴルフのレッスン、ちょっと面白い動画まで、一回10分程度の動画を継続的にアップロードすることで、固定の視聴者が生まれ、継続的に広告収入を得ることが期待できます。最近では、お笑い芸人のヒロシさんが趣味のキャンプの模様を継続的にユーチューブで流すということから話題になりました。

ユーチューバーは、芸能人でなくとも、また専門的な設備がなくとも番組を制作し、テレビ局と同じようなビジネスを展開できるという点で、個人化を象徴する現象です。ただし、詳しくは第7章で取り上げますが、ユーチューバー同士の競争が激しくなり、また経済的にも稼げることが分かってくると、徐々に専門化が進んでおり、現在ではユーチューバー専門のプロダクションも生まれていますので、だれでもが生計を立てられるわけではないことにも注意が必要です。

個人化の仕組みが広告宣伝の分野で表れているのが、インフルエンサー・マーケティングです。芸能人でなくとも、独自のファッションセンスやトレンドをインスタグラム等のＳＮＳで発信することで、数十万人から百万人以上のフォロワーを持つ人たちが出てきています。こうした一般人が、洋服や飲食品などのアイテムをＳＮＳに載せることによって、大きな宣伝効果が得られる可能性があります。

企業がこうしたインフルエンサーに依頼し、自社の製品を使った投稿をしてもらうことで、自社製品の認知度を上げようとすることや、購買に結びつけようとする行動がインフルエンサー・マーケティングと呼ばれるものです。インフルエンサーにとっては、その製品が実際にスタイリッシュなもので、憧れを抱かせるようなものであれば、自分の発信力を高めることにつながります。視聴者にとっても、その製品の良い使い方がわかるという点ではメリットがあります。

ただし、一般人から見て広告とわからないように発信してしまうことは、消費者を誤解させる行為として「ステルス・マーケティング」と呼ばれており、好ましいことではありません。最近では#Sponsoredなどのハッシュタグをつけ、スポンサーがいることを明示することが求められています。

日本のＷＯＭ（Word of Mouth: クチコミ）マーケティングの発展を目指す目的で設立されたＷＯＭマーケティング協議会は、２０１７年12月にガイドラインを改定し、ＳＮＳ等への投稿が企業からの商品提供やサポートを受けて行っている場合は、それを明示するよう求めました。#Promotion、#Sponsored、＃協賛など、通常の消費者としての感想とは異なる文脈であることを明示することが求められるようになったのです。

ソーシャルメディアというＩＣＴが登場したことによって、発信力や伝播力という点で従来のテレビＣＭのような大規模な仕組みに代わって、個人が担う広告が成立するようになってきています。

何より重要なことは、従来のテレビＣＭのようなマス広告と比較して、インフルエンサー・マーケティングの場合は、特定のインフルエンサーをフォローしている人だけに、効果的に広告が届くことです。ニールセン・カタリーナ・ソリューションズというマーケティング会社が実施したケーススタディでは、２５８人のフィットネス&食品分野のインフルエンサーによって「肉を食べない月曜」というキャンペーンを行ったところ、従来方式のマス広告より11倍も投資対効果が高かったという結果が出たとされています[41]。ユーザーが積極的にその情報を見ようという姿勢

41　https://www.marketingdive.com/news/influencer-marketing-spurs-11-times-the-roi-over-traditional-tactics-study/416911/.

になっているところに、ピンポイントに働きかけることは、デフレーミング第2の要素、個別最適化でもあります。

こうしたインフルエンサーは新しい働き方の一面も示しています。

コワーキングスペースが実現する新しい働き方

これまでは、「企業」という枠に所属し、上司が割り振った仕事をやっていればよかった時代でした。しかし、現代は過去になかった新しいサービスを自ら生み出していく必要があります。会社が与えたデスクと環境に閉じこもっていては、新しい気づきを得るうえでは限界があります。

また、個人が以前よりも多くの使えるリソースを手にして、主体的・能動的に動くようになると、自由に動ける反面、個人が孤立してしまう恐れがあります。いくら情報へのアクセスが容易でも、一人ですべてに精通することはできません。新しいアイデアを創発するためにも、異なる知識やスキルを持つ他者との交流はこれから極めて重要になります。「イノベーションは既存の技術の組み合わせで生まれる」という法則もあり、異なる技術や知識を持つ人々との交流は非常に重要です。

こうした個人化した主体の交流を支える組織として、コワーキングスペースが重要なりつつあります。シェアオフィス、コワーキングスペース、インキュベーション施設など様々な呼び方がありますが、スタートアップ企業の創業者、フリーランサー、企業の従業員などさまざまな人々がオフィスをシェアし、働くことができる環境が生まれています。

ある調査では、コワーキングスペースはロンドン、ニューヨーク、シカゴなどの大都市で年率20％以上の勢いで成長しており、2018年初頭において、世界で1万4000カ所以上あり、2020年までに380万人が利用すると予測されています。[42]特にロンドンでは、その成長が著しく、大手コワーキングスペース事業者のウィーワーク（WeWork）は、政府機関を除くとロンドン市内で最も多くのオフィスを借りている法人となっています。[43]

筆者も2018年11月にロンドンでコワーキングスペースの現地調査を行いましたが、ホテル

42 https://allwork.space/2018/03/coworking-is-the-new-normal-and-these-stats-prove-it/.
43 https://www.ft.com/content/40a87044-ff97-11e7-9650-9c0ad2d7c5b5.

のロビーをコワーキングスペースとして解放しているところから、ウィーワークのような大手コワーキングスペース、またコミュニティやリラックス感に特色があるようなスペースまで様々なものが生まれていました。

大手コワーキングスペース事業者のウィーワークは、調査時点で世界で96都市、482カ所のコワーキングスペースを運用していますが、ロンドンだけでも40箇所ほどあり、毎月1カ所ずつ増えているといわれています。ウィーワークの内装はどこも、ある程度統一感があり、だれもが使えるフリーアドレスのスペース、飲み物などを提供するキッチン、そして法人が借りるプライベートなオフィス空間があります。ガラス張りの仕切りが多く、基本的にインダストリアルなデザインとなっています。また、キッチンには必ず生ビールサーバーがあります。ビールを片手に交流できるスペースだという象徴的な意味があるのでしょう。

ウィーワークには、フリーランサーやスタートアップ、小規模事業者に加え、大企業も一部の部署等の単位で入居しているといわれています。働き手にとっては、デザイン的に優れており、機能的、快適なオフィス空間を手軽に使うことができることは魅力的です。こうした空間で働けるというのは、スタートアップ等にとっては特に人材採用の面でもメリットがあります。また、スタートアップのように急に事業規模が拡大するような場合にも、柔軟に対応することが可能です。さらに、他の街や国に行った時にも、同じコワーキングスペースを使うことで、いつもの働く環境を手に入れることができます。

ただし、こうしたコワーキングスペースは、おしゃれな空間だけが売りではありません。たとえばウィーワークでは、専用のアプリで他の入居者の情報を探すことができます。Ｗｅｂデザインができる人、データベース設計をできる人などをアプリから探し、居場所を探してすぐに仕事を発注することもできます。毎日同じ会社の人とだけ接するのではなく、異なる企業や業種、コンテクストの中で働いている人と日常的に接点があるということは、それだけ刺激を得ることにも繋がります。大企業がコワーキングスペースに入居するのは、このようなメリットがあると考えてのことです。

つまり、コワーキングスペースというのは、単なる「シェアオフィス」ではなく、企業に代わる新しいコミュニティでもあり、労働市場でもあるのです。階層的な指揮命令で仕事を分担するのではなく、個人化された主体を前提としながら、働き方に関する価値観を共有する人々の間で仕事の融通を行う新しい組織なのです。

こうしたコワーキングスペースが成長してきた背景には、働き方に対する価値観の変化があります。これまで、大企業に入社して、出世のはしごを登りながら成功していくというのが一つのロールモデルでした。しかし、このモデルでは一握りの人しか成功しない上、そもそも有名企業に入社した一握りの人しかそのレースに参加できないという現実があったのです。これに対して、21世紀に入ってから、アイデアとビジョンを掲げて投資を受けることでスタートアップ企業を創業し、ＩＰＯまたは売却という形で資産を築くという働き方が若者の共感を多く得てきたのです。

実際にはＩＰＯまでたどり着く企業は少なく、スタートアップ企業を渡り歩く人も多いという現実はあるものの、大組織に忠誠を尽くし、上司の評価に基づき、徐々に出世していくのを待つという考え方よりも、ビジョンとプロダクトを重視し、市場からの直接のフィードバックを得て、キャピタルゲインで回収するという働き方へと価値観が変わってきたともいえます。これは、過去20年間にテック業界が行ってきたことが働き方の規範になりつつあるということでしょう。

こうした働き方を背景として、均質的な大組織の一員として、いわゆるタコ部屋で働くよりも、創造性を刺激されるデザインのオフィスで、個に立脚した仕事をして、他の同じような考え方の人たちと知的な交流をすることを重視する世代が多くなってきたのです。これはロンドンでの調査で顕著に感じることができましたが、日本を含め世界的に進んでいる傾向です。

日本でも始まった多様なコワーキングスペースの提供

このようなコワーキングスペースは日本でも徐々に増加しつつあります。たとえば、ヤフー株式会社は東京の永田町の一等地のビルに1330平方メートルものスペースを用いたコワーキングスペース「ロッジ（LODGE）」を運営しています。現在のところだれでも無料で利用可能ですので、様々な属性の人々が机を隣り合わせて働いています。同社によると、毎日320名ほどが利用しており、その職業は個人事業主、会社員、スタートアップなどさまざまです。スペース内には、多様な用途に合わせたデザインのデスク等に加えて、飲食の販売コーナーやWi-Fiなどが完備されています。また、ロッジ（LODGE）では、コミュニケーターと呼ばれるスタッフが利用者に声かけを行い、利用者がどのような関心を持っているかをさりげなく把握し、他の利用者とつなげていく取り組みを行っているほか、定期的にお茶会も開催しています。

これだけのスペースを無料で開放していますので、単独での収支は厳しいものがありますが、ヤフーには別の狙いがあります。それは、ここに集っている様々なスキルを持つ人々と、ヤフー社員のコラボレーションです。実際に、たとえば3Dに関する高いスキルを持つ利用者とヤフー社員が出会うことで、電子商取引の様子をビジュアル化する「EC DATA TRAFFIC」というサービスが生まれるといった事例も出てきています。

一方、ロッジ（LODGE）とは対照的に、人口わずか1700人の奈良県東吉野村にも「オフィスキャンプ東吉野」というコワーキングスペースがあります。古民家を改装したスペースには、デザイナーなどが集まっています。ここに集まった人々で、合同会社オフィスキャンプという企業を立ち上げるなど、このスペースをハブとして、個人が交流し、また新しい枠組みを作っているという流れを見ることができます。ちなみに、この会社の参加者は全員移住者ということで、田舎におけるライフスタイルとやりたい仕事を両立させる上で、コワーキングスペースが「田舎における仕事仲間」を見つける場としての役割を果たしていることも分かります。コワーキングスペースでは、個人化していく主体に対して、交流を促し、サポートするという機能の重要性が高まっています。

埼玉県さいたま市の大宮駅から徒歩1分という立地にある7F（ナナエフ）もユニークな存在

です。おもに起業家が入居していますが、法人登記や住所利用、固定ロッカー、郵送物受取など法人を意識したサービスに特徴があります。また、それだけでなく利用者同士のコミュニケーションを重視しており、出版記念パーティなど利用者同士の交流を促すためのイベントや、起業家に対するメンタリングなども行っています。[44]

株式会社ガイアックスも同様にコワーキングスペースを運用しており、頻繁にイベントを開催するなどして、利用者同士の交流を生み出そうとしています。なかなか知らない人同士が急に話し始めるのは難しい場合もあるでしょうから、こうした仕掛けは重要です。また、ガイアックスの社員自身も、このコワーキングスペースを利用していたり、場合によっては他のコワーキングスペースに出かけたり、自宅で仕事をしたりと、非常にフレキシブルな働き方をしています。エキストリームなワークスタイルといっても良いでしょう。

日本においては、シャイな国民性ということもあり、交流を生み出すためにはより積極的な働

44　ヤフー、オフィスキャンプ、ナナエフに関するデータは国土交通省主催「コワーキングスペースサミット２０１８」（２０１８年6月18日開催）による。

きかけが必要でしょう。コワーキングスペースと創造性について研究している国際大学GLOCOMのトゥーッカ・トイボネン主任研究員によると、コワーキングスペースにも様々なものがあり、交流やコラボレーションに力を入れているところや、ファッションなど特定の業種に特化したコワーキングスペースもあります。場合によっては単に集中して作業したいというニーズに応えるだけのコワーキングスペースもあるかもしれません。また、日によって今日は交流したい、今日は集中したい、というようにニーズも日々変化する場合もあります。同研究員は、自分に合ったコワーキングスペースを見つけるための「レーダーチャート」を開発しています。[45] 日によって、自分にあったワークスペースに出かけて行って仕事をするということもできるでしょう。また、働き方が多様になり、個人でできる仕事が増えていくにつれ、これまでの同質的な企業とは異なる新しい「つながり」を可能にするインフラの整備が重要な課題になりつつあります。

これからの産業振興は「個人」に着目する

中国において、かつては国有企業の石油会社や通信会社が代表的な企業でしたが、いまや起業家大国として、スタートアップ企業の創業が非常に盛んな国となっており、それを支えるプラットフォームも、多数整備されています。

たとえば、コワーキングスペースは２０１７年に中国全体で３４５９カ所あるとされています。上海にあるコワーキングスペース、「ＸＮＯＤＥ」は、創業者を主なターゲットとしたコワーキングスペースで、コワーキングとスタートアップ・アクセラレーターを兼ねた施設となっています。フリーランスの人や、３～４人の会社、30～40人の会社などさまざまな企業が入居していますが、同時に投資会社なども入っており、投資家が有望な起業家に対してすぐに投資が行えるようになっています。

また、ＸＮＯＤＥ自体をクリエイティブな場所として運用し、一緒に問題解決を行う場にするため、さまざまな交流の仕組みも設けています。たとえば歓迎会やイベントなどによって交流を促進する取り組みを行っており、たまたま筆者が訪問した時期には、ブロックチェーンをテーマにした勉強会が企画されていました。

中国のスタートアップに詳しい富士通総研の趙瑋琳氏によると、北京にある中関村には創業大

45 Toivonen, Tuukka (2018) A multivitamin for the future of work? Rethinking the value of coworking for digital creatives. RSA Future of Work Blog. 7 Nov 2018. https://www.thersa.org/discover/publications-and-articles/rsa-blogs/2018/11/a-multivitamin-for-the-future-of-work.

街（創業ストリート）があり、起業に必要な資金、技術、人脈などを提供することで起業家をサポートしています。中でも「車庫カフェ」はユニークで、２０１１年11月にエンジェル投資家によって設立されたところですが、コーヒー一杯のコストで、多くの情報や資金、人脈、知識にアクセスすることができます。また、アリババの本社があることで知られる杭州には、「夢想小鎮」、通称ドリームタウンという地域があり、企業支援のプラットフォームとなっています。ここは、アリババを退職した優秀な社員が、地域の外に出て行ってしまうことを防ぎ、杭州で新しい企業を創業してもらうことを狙っているそうです。

中国といえば、海外からのアウトソーシングによる製造業というイメージがあるかもしれませんが、いまや若い起業家たちが日々新しいイノベーションを起こす「起業家天国」です。こうしたダイナミズムを理解せず、伝統的な大企業ばかり追っていると、世界のビジネスの流れから取り残されることは間違いありません。

こうした起業文化は日本でも始まりつつあります。図5-5は２０１３年以降の日本国内向けベンチャー投資の件数と金額を示したものですが、全体として増加のトレンドにあります。もっとも、２０００年代前半には一度起業ブームが来ており、その後のリーマンショック等による冷

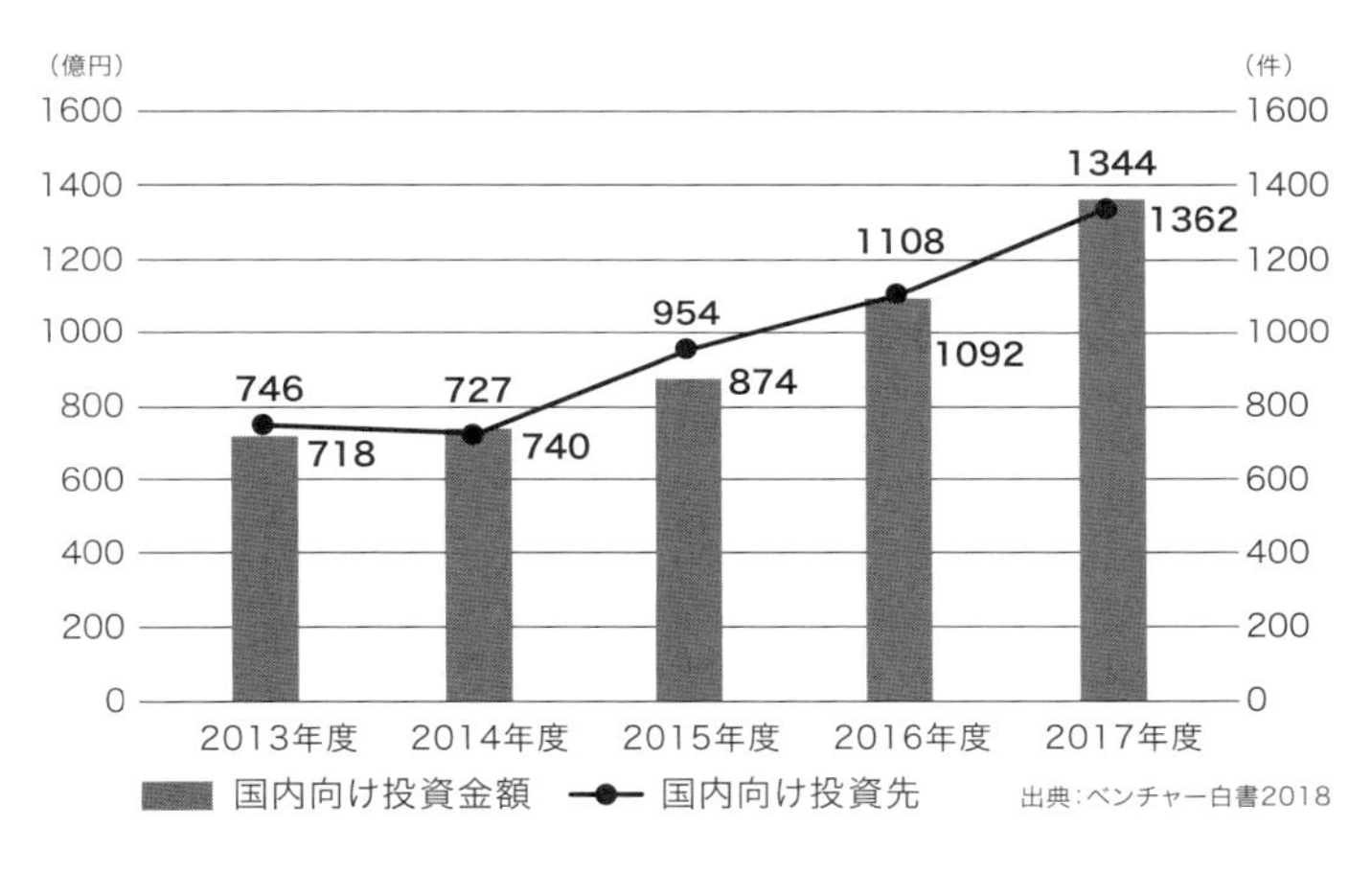

図5-5　国内向けベンチャー投資の傾向

え込みからの回復という意味合いもあります。ただ、近年はアクセラレーターやピッチコンテスト、そして大企業によるベンチャー企業への投資などのエコシステムが充実してきており、従来にくらべ起業家の裾野が大きく広がってきました。

いまやICTの力で、起業はごく簡単に行えるようになりました。20世紀型の産業振興といえば大規模投資、工場誘致が代表的でしたが、これからは個人に着目した創業支援が重要になるでしょう。

第三部　デフレーミング時代の組織と個人

第6章　デフレーミング時代の「信頼」

これまで、テクノロジーの進展がサービスの要素を分解して組み換えてきたこと、組織に代わって個人が経済における主要なプレイヤーとして浮上してきたことなどを示してきました。

実はデフレーミングによる経済の変化、特に第三の要素である「個人化」は、「信頼」の問題とも深くかかわっています。本章では、そもそも「信頼」とは何なのか、そしてデフレーミングの時代に「信頼」がなぜ重要なのか、そして急成長を遂げている企業たちはなぜ「信頼」の問題に真剣に取り組んでいるのかを示していきます。

なぜ急成長する企業は「信頼」の問題に取り組んでいるのか

そもそも信頼とは何なのでしょうか。「信頼」が意味するところは学問の分野によっても異なります。カーネギーメロン大学のルソー教授らのサーベイによると、[46] 経済学者は計算可能なものとして捉え、心理学者は内面的な認知の問題と考えます。また、社会学者は社会に埋め込まれた特性と理解しています。あらゆる分野に共通して受け入れられている「信頼」の定義は存在していないものの、同教授らは多くの分野で以下のように理解されているとしています。

「信頼とは、他人の意図や行動に関するポジティブな期待に基づき、脆弱性（Vulnerability）を受け入れる意識に基づく心理的な状態である」

ここで脆弱性という言葉が出てくるのは、相手が期待にそわない行動をとった場合、こちらに何らかの損害や損失が生じるリスクがあるということです。自分ですべてを事前に確認して、確実に安全であるという確証が得られない状況において、リスクをとって相手の行動に期待するということが信頼ということです。

ある店で買い物をしたいときに、その商品が偽物ではないか、盗品ではないか、傷ついていないかと疑うことなしに購入するのは、その店を信頼しているからです。なぜその店や組織が信頼できるかといえば、これまでの長い期間、たくさんの顧客に対して満足できるサービスを提供し

46 Denise M. Rousseau, Sim B. Sitkin, Ronald S. Burt, Colin Camerer (1998) Not so different after all: A cross-discipline view of trust. Academy of Management. The Academy of Management Review, Vol. 23, No.3, pp.393-404.

てきた歴史があるからです。前出のケネス・アローは、組織の信頼は、通常個人よりも長く続くと指摘しています。歴史に基づく「ブランド力」によって、消費者はそのお店を信頼して取引することができるのです。もし信頼がなければ、消費者が自らその商品の来歴や品質を事細かに検証する必要があり、取引が成立しなくなるかもしれません。

オーストラリアのRMIT大学のデヴィッドソン教授らの研究によると、[47]「信頼」を担保するために働いている人は、米国だけで全雇用の35％にも上ると推計されています。経済活動を円滑に行うための信頼を提供するためにこれだけのコストがかかっているのです。

その一方で、大企業や権威ある組織による不祥事は後を絶ちません。レイチェル・ボッツマン著『TRUST 世界最先端の企業はいかに〈信頼〉を攻略したか』（関美和訳、日経BP社）は信頼の分散化を取り上げていますが、その背景には大企業や権威ある組織に対する信頼の崩壊があると指摘しています。

マーケティング企業のエデルマンが実施した調査では、[48]日本の組織（政府、企業、メディア、NGO）に対する信頼度は、28カ国のうち最低レベルで、下から2番目です（図6-1）。また、

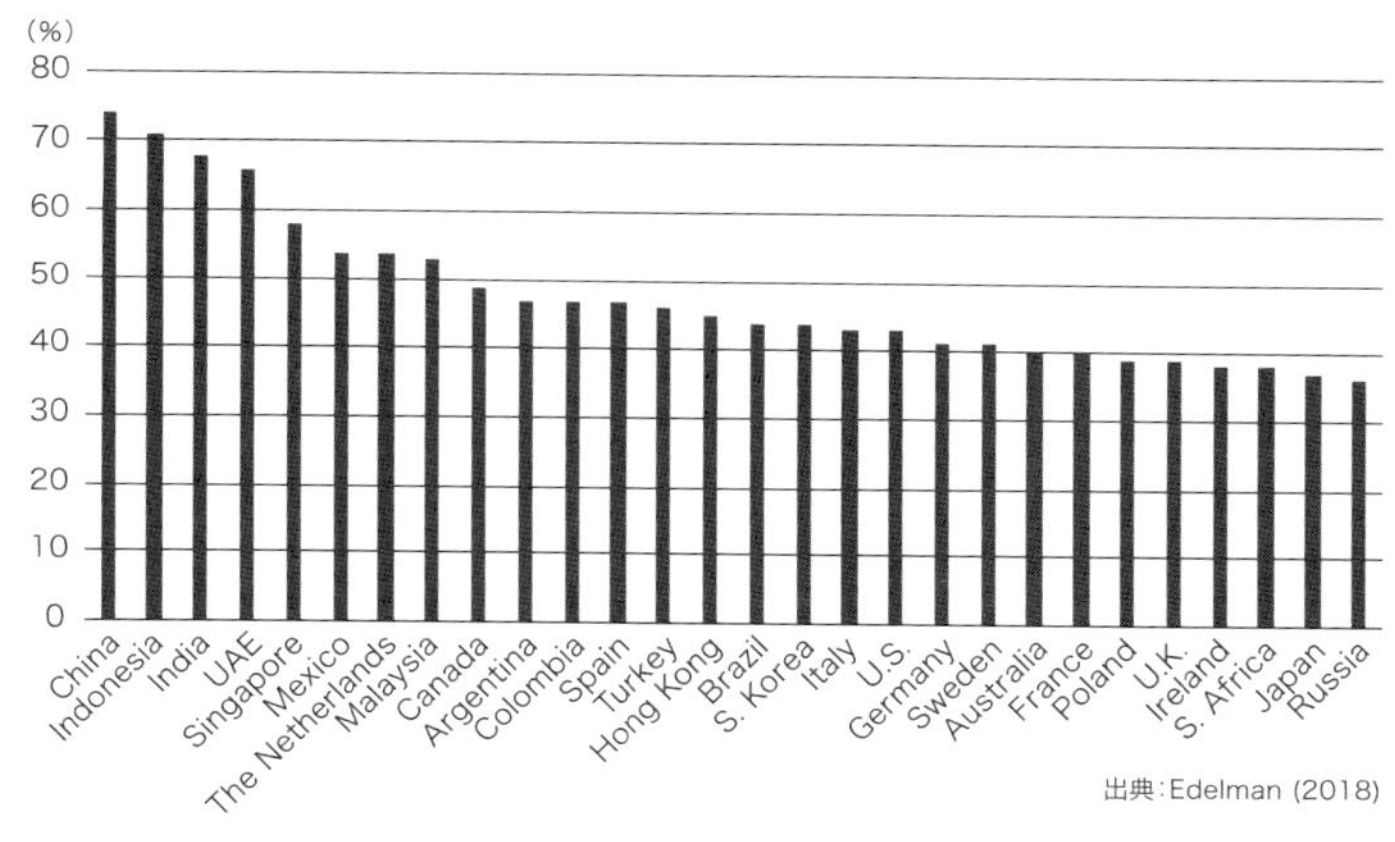

図 6-1　組織に対する信頼度指数（2018 年）

経営者に対する信頼度も低く、なんと最下位という結果になっています。世界的に組織に対する信頼は低下しつつありますが、日本ではそれがさらに顕著になっているといってもよいでしょう。組織や権威に対する信頼は低下傾向にあります。

こうしたなかデフレーミングの時代になり「信頼」を取り巻く状況が大きく変わってきました。最大の要因は、デフレーミングの第三の要素である「個人化」です。先述のように、個人は企業ほど長い時間と多額の広告宣伝費をかけてブランドを構築することが難しいという問題があります。

47　https://papers.ssrn.com/sol3/papers.cfm?abstract_id=3218761.

48　Edelman (2018) "2018 Edelman Trust Barometer" https://www.edelman.com/trust-barometer.

さらに、プラットフォームなどインターネット上で取引を行うようになれば、相手の顔を見ることができず、直接話してみることもできません。このように、組織の信頼に頼ることができず、またインターネット上の取引において直接確かめる方法もない場合に、どのように「信頼」を構築するかが、デジタル化が進む時代の一大テーマとなったのです。そして、アップル、アリババ、メルカリなど急成長を遂げているプラットフォーム企業たちは、いずれもこの「信頼」の問題を解決することに真剣に取り組んできたことで、成長がもたらされてきたのです。

デジタルな信頼を実現する3つの方法

それでは、プラットフォーム企業はどのような方法でインターネット上の信頼の問題を解決しているのでしょうか。

第一の方法は、決済のエスクローサービスです（図6-2）。これは、相手が期待される行動を取ったことが確認されて初めて、お金が振り込まれるという仕組みです。アリババやメルカリなどにも見ることができますが、C2Cでの取引において、まず取引に関して売り手と買い手の意思が合致したら、買い手が代金を一度プラットフォームに預けます。そして、売り手が商品を

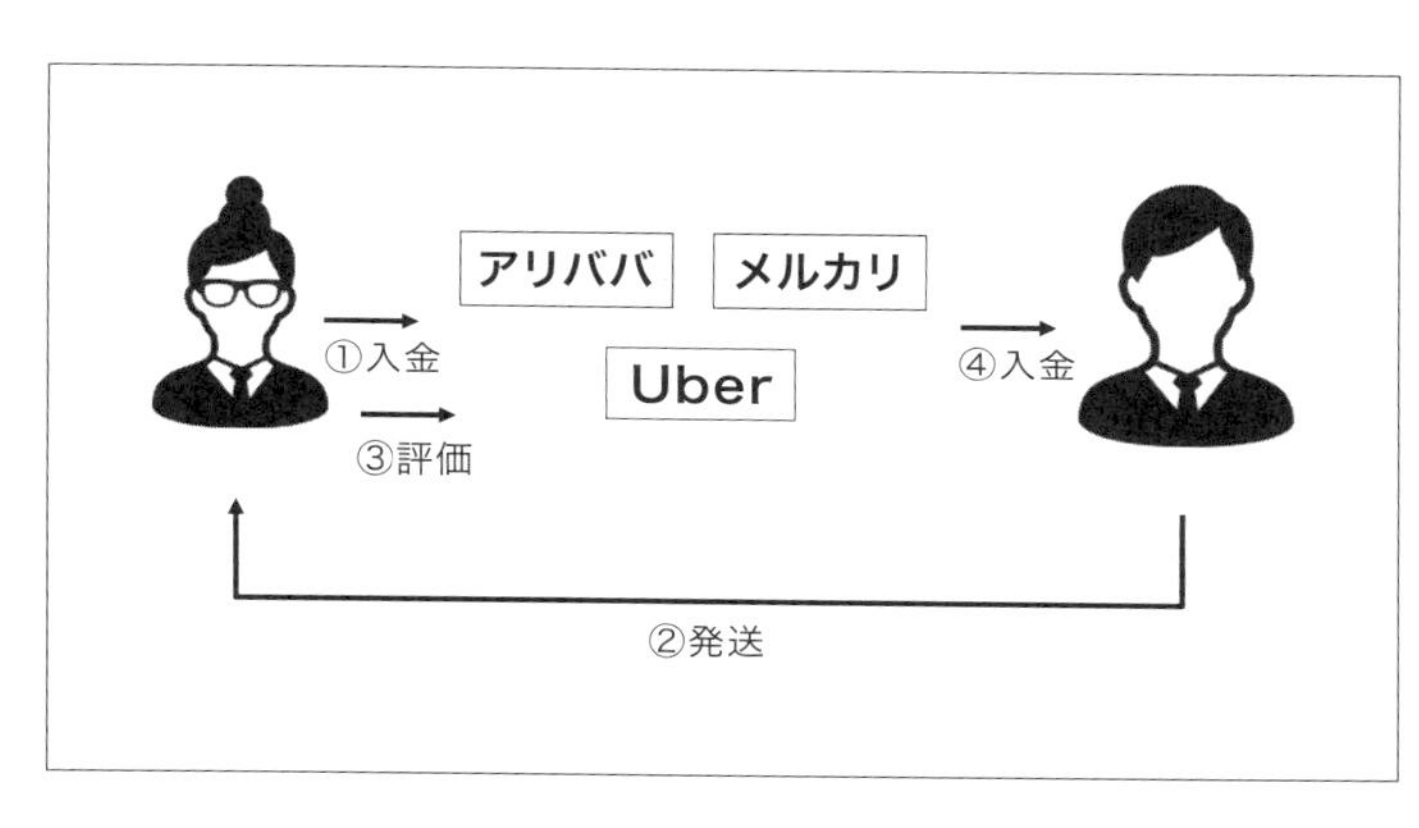

図 6-2　エスクローサービス

発送し、買い手がその中身を確認して満足したことが確認されれば、プラットフォームから売り手に代金が受け渡されるという仕組みです。こうした仕組みがなければ、売り手は相手が代金を払ってくれるかわからないので発送できず、買い手も、相手が発送してくれるかわからないので代金を払えない、というお見合い状態になってしまいます。

ちなみに、かつて米国ではビットコインを用いたブラックマーケットのオンライン市場「シルクロード」があり、警察に摘発されて閉鎖されましたが、この「シルクロード」でも決済のエスクローサービスが提供されていました。[49] ブラックマーケットにお

49　アーヴィンド・ナラヤナン、ジョセフ・ボノー、エドワード・W・フェルテン、アンドリュー・ミラー、スティーブン・ゴールドフェダー（2016）「仮想通貨の教科書」日経BP。

いてさえ顔の見えない相手との信頼をどう仲介するのかが重要であることを示す象徴的な事例です。

第二の方法は、評価・レビューによる信頼です（図6-3）。第2章でも示したように、個人がインターネットでさまざまな知識を得たり、自ら発信したりすることが容易になりました。買い物の場面では、店員の意見よりも、他の消費者が実際に使ってみた体験に関する情報のほうが頼りになる場合もあります。また、商品について店員が知らないような情報を、消費者のほうが知っているということも多くなっています。こうした「情報の民主化」による個人のエンパワーメントが、シェアリング・エコノミーやプラットフォームなど、C2C（Consumer to Consumer）、すなわち個人間での取引を可能にする原動力となっています。

特にC2Cによる取引においては、相手が信頼できるかどうか、すなわち売られている商品の品質は期待できるか、迅速に発送してくれるかといったことは、過去に取引した消費者が一番よく知っています。そうした重要な情報を持っている個々人が、取引相手の信頼度を見える形で評価するのです。そして、その信頼度は、通常はひと目でわかる記号、つまり星の数や数値で表現されます。

図 6-3　クチコミ・レビューによる信頼

こうした決済のエスクローと評価・レビューが、顔が見えず、相手の行動について組織の信頼に頼ることができない状況下で、C2Cの取引を可能にしてきたのです。アマゾンやアリババ、メルカリなどは同じ原理で動いています。

決済のエスクローと評価・レビューは、これまでプラットフォームにおける信頼確保の代表的な方法でしたが、最近新たに第三の方法が登場しています。それが「信用経済」です。代表的なものは、すでに紹介した芝麻信用です。個人の信用度合いを総合的に分析し、単純化された数値で表現するというものです。すでに芝麻信用のスコアが高い人には無料でサービスが提供されたり、ホテルのデポジットが免除されるという優遇が提供されたりしています。信用スコアを上げるために取引の際の行動を取り繕うなどといったことも指摘されていますが、「信頼」の問題が解決されれば、お金を介さない取引まで可能になりつつあります。

クチコミの信用度にも限界

プラットフォームはエスクロー、クチコミ、信用経済など様々な形態でネット上の信頼の問題の解決に取り組んできましたが、課題も山積しています。

中でも、代表的な問題はクチコミやレビューが信用できるのかというものです。これについて、国際大学GLOCOMの山口真一主任研究員が興味深い研究をしています。[50] 約2万人を対象とした調査から、過去に一度でもクチコミを投稿した人は、全体の46％です。この数字だけみれば、それなりの数の投稿経験があるということになりますが、実際には、ごく限られた人たちが、大量のクチコミを書いていることがわかってきました。最も多い人で、ひと月あたり1500件もの投稿をしているとのことです。

また、この研究から、クチコミには極端な意見や、ネガティブな意見が多く書き込まれる傾向があり、現実のユーザーの平均的な感想からは乖離していることや、実際に中長期間使ってみた感想ではなく、利用直後に書き込んでいることが多いということも明らかになっています。ネット上の意見分布には、中庸な意見は多くありません。ものすごく賛成、反対といった、極端な意見になる傾向が強く、注意が必要です。ユーザーではない人が書き込んでいる可能性もあります。「食べログ」において、飲食店に好意的な書き込みを有料で請け負う業者が存在することが2012年に発覚しました。海外ではライバル店舗について悪いレビューを行うケースがあるということも報告されています。

「インフルエンサー」によるマーケティングの場合もあります。前述のように、有名人や一般人が、化粧品などの商品を使用して感想を投稿する際、実はその商品の販売元が投稿者にお金を払っているという場合があります。一般消費者は、インフルエンサーが心からその商品を気に入って投稿していると思いがちですが、実は単にお金のために投稿していただけということがあります。

50　山口真一（2018）『炎上とクチコミの経済学』朝日新聞出版。

個人のレビューやクチコミに信頼を置くという方法は、その投稿の信憑性を確認する方法が未熟なこともあり、課題も多いのが現状です。

「信頼のインターネット」としてのブロックチェーン

近年発展してきたテクノロジーにより、もう一つ重要な信頼の分散化の要因があります。それが、ブロックチェーン技術です。拙著『ブロックチェーン・エコノミクス：分散と自動化による新しい経済のかたち』（翔泳社）では、ブロックチェーン技術の詳細や応用可能性、またブロックチェーン技術によるＤＡＯ（自律分散型組織）の可能性と課題についても取り上げました。

ブロックチェーン技術は「信頼のインターネット」と呼ばれるくらい、信頼の概念とは密接に関わっています。そこで、ブロックチェーンがどのように信頼のかたちを変えているのか、またその可能性と限界についても見ていきたいと思います。

ブロックチェーンは、その誕生から「組織」と「信頼」の問題に深く関わってきました。ビットコインの創始者であるサトシ・ナカモトは、その出発点となった論文において、ビットコインを銀行など信頼される第三者に頼ることなく、個人間で直接的に送金できるシステムとして設計しました。また、著書『Wikinomics』で知られているタプスコットらも、取引の認証が大企業の信頼ではなく、多数のひとびとのコラボレーションで行われる点に、最大の新規性を認めています。

ブロックチェーン技術は要約すれば「特定の主体に依存せずに情報の信頼性を担保する仕組み」ともいえます。スマート・コントラクトも使えば、静的な情報のみならず動的なプログラムも改ざんできない形で共有することができます。特定の主体に依存しない、ということは、これまでビジネスの前提であった主体や組織の存在に疑問を投げかけることにもなり、だからこそ、ブロックチェーンがディスラプティブ（破壊的）な技術だといわれているのです。

ビットコインに立ち戻ると、それは特定の組織や主体に依存することなく、自分たちで運用するお金という性格を強く持っていました。お金とは、シンプルにいえば譲渡可能な債務証書です。だれかがだれかに何かをしてあげた際の貢献を記録として残し、その記録で第三者への支払いに充てることができるようにしたものです。ここで重要なのは、何かをしてあげた「記録」が改ざんされたり、消されたりしないことです。したがってお金の本質は情報の信頼性に他なりません。

ブロックチェーンが提供する信頼とは何か

このようなブロックチェーンは、見ず知らずの相手と取引を行う際の「信頼」という問題を、どこまで解決することができているのでしょうか。「信頼」にはさまざまなレベルや捉え方がありますが、ここでは3つのレベルから考えてみたいと思います[51]。

第一レベルの信頼は、取引意思が相手に正しく伝わるかどうかという問題です。購入の意思や、商品の情報、価格などが相手に伝わるかどうかは、取引におけるもっとも初歩的ですが重要なポイントです。歴史的には対面における口頭での確認から始まり、チラシなどの配布物や手紙などにより距離の制約を徐々に広げてきました。インターネットにより、事実上世界中でこうした意思の伝達はできるようになっています。

ブロックチェーンの登場は、こうした意味での単純な情報伝達においては、取引意思をブロックチェーンに登録した場合には、否認や改ざんができないなどの効果があると考えられます。特に取引相手が遠隔地で、取引意思の確認に不透明さが伴う場合には、一定の意味があるでしょう。ただし、実際にはブロックチェーンに登録するまでもなく、ＩＤとパスワードなどでシステム的

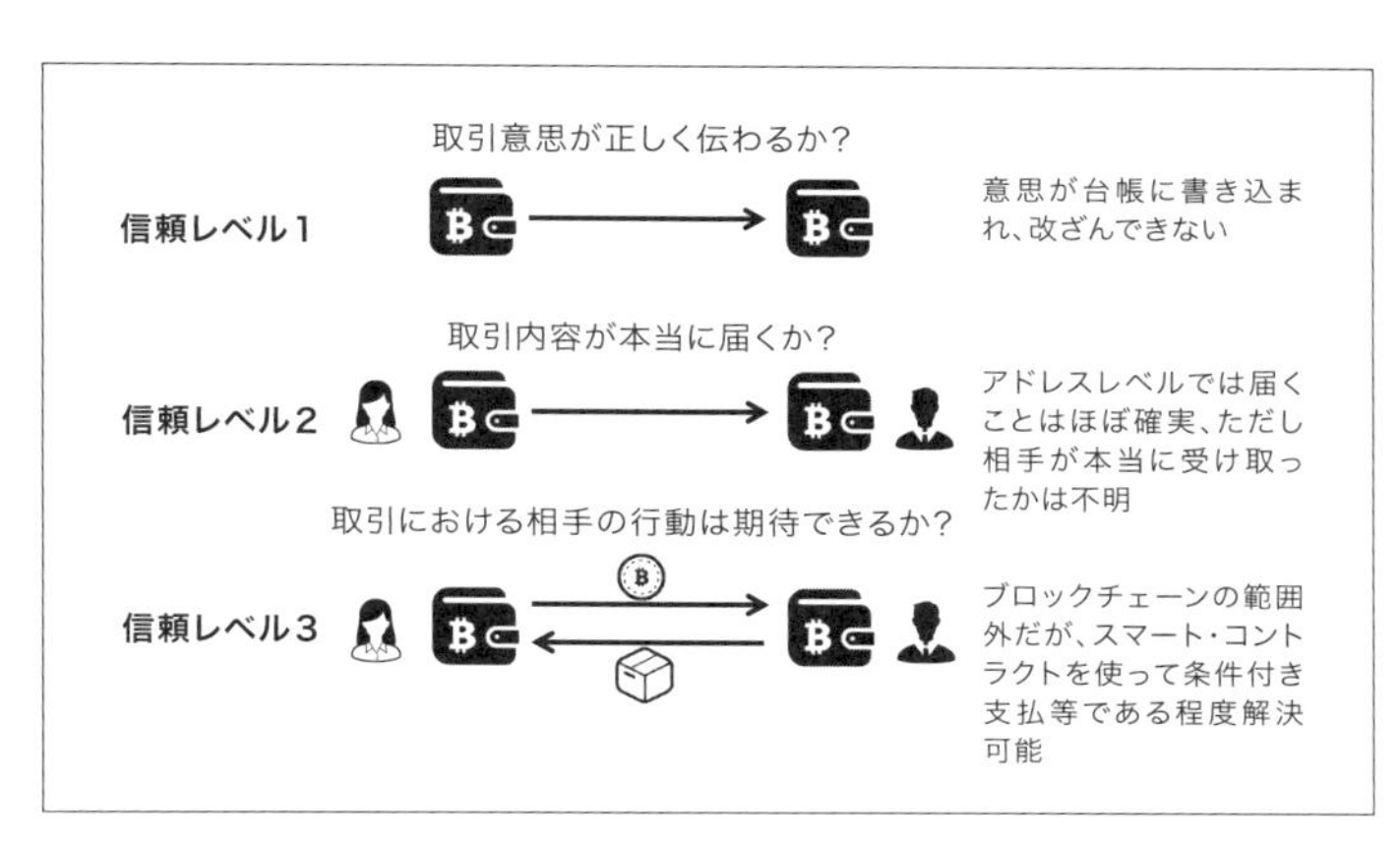

図 6-4　ブロックチェーンと「取引における信頼」概念

な認証を経たユーザーが意思表示をすることで、実用上は十分成り立っていますので、ブロックチェーンにしたからといって、何かの問題が大きく解決されるというわけではないかもしれません。

第二の信頼レベルは、取引対象となっているものが相手に提供されるかどうかです。商品が届くかどうか、またその対価となる通貨などが相手の口座に届くかどうかという問題です。ブロックチェーンは、お金を相手に送金するという行為に関しては、銀行や送金事業者の信頼を介さずに確実に行えるという点では新しいものです。また、一

51　高木聡一郎（2017）「ブロックチェーンと組織　「信頼の脱組織化」から考える」in 高木聡一郎（2017）編著「ブロックチェーンのフロンティア」智場121号、国際大学グローバル・コミュニケーション・センター。

度ブロックチェーンに書き込まれた情報は、消したり改ざんしたりすることができません。以前は銀行が責任をもって管理していた預金残高が、不特定多数の人々で管理するブロックチェーンでも確実に記録できるようになりました。

ただし、送金はアドレスに対する送金であり、確実に相手方が受け取るかまで保証するものではないことには留意が必要です。誤ったアドレスに送ってしまったり、受け取り手が秘密鍵を紛失してしまう、あるいは最近よく発生しているように、取引所から盗まれてしまうということがあれば、正しく届くわけではありません。また、あくまでのデジタルデータのみであり、商品などの物理的なモノが届くことを保証することはできないことにも留意が必要です。

第三の信頼レベルは、取引における相手の行動が期待できるかどうかです。お金を払った後に商品が届くかどうか、契約後に相手側が期待通りの業務を行うかどうかという問題です。従来の第三者が仲介するモデルでは、これまで見てきたようにエスクローサービスや、プラットフォーム事業者による小売店への指導や賞罰を通じて担保してきました。また、利用者によるクチコミも機会主義的な行動を防ぐ抑止力として働いています。

このレベルの信頼は、現時点ではブロックチェーンで実現することは難しいのですが、ブロックチェーン上で動作するプログラムである「スマート・コントラクト」が今後発展していけば、相手方の行動を条件として支払うといった処理も可能になるでしょう。ブロックチェーンによって第三者の仲介なしに取引相手の行動に関するリスクは一部低減できる可能性はあります。

ブロックチェーンは「信頼のインターネット」と呼ばれることがあるように、信頼を実現する仕組みとして期待されています。しかし、ここで見てきたように、実際の経済取引には、より幅広い信頼が必要であり、現時点ではブロックチェーンはそのすべてをカバーしているわけではありません。信頼とは「他人の行動に関するポジティブな期待に基づき、脆弱性を受け入れる」ということです。こうした人の行動や期待までうまく処理できるようになるまでには、まだまだ先が長いといえるでしょう。

トークンエコノミーによる信頼

一方、ブロックチェーンを用いた応用例の一つとして、トークンの活用があります。先ほどお金とは譲渡可能な債務証書のようなものだとしましたが、言い換えれば何らかの価値を記録したものです。ビットコインのようなトークンを発行し、流通させることで、人々にある特定の行動を促そうとする使い方があります。こうしたトークンを介した人々のインセンティブへの働きかけや、トークンによる経済圏の構築などは「トークンエコノミー」と呼ばれます。

そもそも、ビットコイン自体もトークンエコノミーによって人々にインセンティブを発生させる仕組みで運用されています。この場合のインセンティブとは、ビットコインの台帳管理を誠実に行おうとする姿勢のことです。具体的にはビットコインのマイニングの処理になりますが、これはProof of Workという処理をいち早く終わらせることのできた人が、新しいブロックを世界中に展開する権利を持ち、その業務と引き換えに報酬となるビットコインを受け取ることができるというものです。現在の報酬は1ブロックあたり12・5ビットコインで、時価で1000万円程度の価値になります。

新しいブロックの作成には、二重払いのチェックやデータフォーマットの確認などの作業も含まれます。新規のビットコインというトークンを発行するから、誠実にブロック作成作業に貢献してください、というわけです。展開された新規ブロックは、他の参加者に評価され、不具合があれば採用されず、報酬も有効になりません。このような形で、ビットコインではトークンの発行によって、不特定多数の参加者の誠実な行動を促しているのです。

こうしたトークンエコノミーを用いた信頼性の向上は、ALIS（アリス）という企業の取り組みにも見られます。ALISは「信頼できる記事と人々を明らかにするまったく新しいソーシャルメディア」を掲げていますが、その鍵となるのはALISトークンです。フェイクニュースなどが蔓延しているなか、信頼できる記事を書いた人や、信頼できる記事を紹介してくれた人にトークンが発行される仕組みです。[52] トークンの価値が永続的に担保できるかという課題はありますが、情報の信頼性を高めるための活動や貢献をトークンという形で可視化することで、そうした行動のインセンティブを高めていこうとする取り組みです。

トークンエコノミーによる信頼とは、なんらかの価値をブロックチェーンによる情報の信頼性を用いて確実に記録し、それをトークンの形で流通させることで、雇用関係にない不特定多数の人々の誠実な行動を促そうとする取り組みなのです。

52 https://alismedia.jp/ja/

ブロックチェーンは階層型組織を不要にするか

このように、トークンによって雇用関係にない人にも誠実な行動を期待できるようになれば、従来の企業のような階層型組織は不要になるのでしょうか。

ブロックチェーンを応用すれば、幅広い分野において組織なしにサービスを提供することができるのではないか、という考え方があります。こうした脱組織的な思想から、DAO（自律分散型組織）の概念が生まれ、シェアリング・エコノミー、クラウドソーシング、マーケットプレイスなど様々なサービスを、自律分散的なアーキテクチャで実現しようとする取り組みが行われてきました。

確かに、ビットコインは不特定多数の「マイナー」と呼ばれる人たちで業務を分担していますが、それはやるべき業務が完全にコンピュータプログラムで記述できる、すなわち「コード化」できるからです。そして、個人間の決済システムを運用するエコシステム全体から見ると、コード化により分散化されているのは台帳管理とマネーサプライという限定された部分なのです。

その一方で、不確実性が高くてコード化できない業務も多数存在しています。ビットコイン・コアのソフトウェア開発もそうしたものの一つですが、開発現場は、かなり階層化された組織です。会社というわけではなく、コミュニティという位置付けですが、一部の「メインテイナー」が承認しない限り、機能改善の提案が実現することはありません。こうした開発現場の階層的な構造については批判もありますが、ビットコイン・コアのコミュニティ自身が、そのＷｅｂサイトで開発の効率性のためにはこうした階層性も必要であると認めているのです。

また、ビットコインにおける分散化は、実はコンピューティングリソースに基づく自由競争の世界です。先に述べたように、台帳更新の仕事を行うのは「マイナー」の仕事ですが、どのマイナーが仕事を担い、報酬として新規発行されるビットコインを受け取れるかは、Proof of Workという処理の競争により決められます。

この処理は自由競争の世界ですから、いかに高性能なコンピュータを持ち、それを動かす電力を安く調達できるかが勝負になります。先述のように、ビットコインのマイニングに専用のＡＳＩＣという半導体が使われます。ＡＳＩＣを使ったコンピュータを大量に並べる「マイニング工場」のようなところでなければ、もはやマイニング競争に勝ち抜くことはできません。当初はユーザーが自分たちで運用する通貨としてビットコインは想定されていましたが、もはや素人が参入して勝ち抜ける世界ではなくなってしまったのです。

分散化された世界では、不特定多数の人々の間で業務を分担する方法を決めなければならないわけですが、公平に、そしてインセンティブ与えて業務を分担しようとすると、だれもが参入できる単純業務の得意・不得意で決めるのは都合がよい面があります。それで生まれたのがProof of Workというしくみであり、皮肉なことに、その結果マイニングは寡占化が進んでしまいました。

さらにいえば、仮想通貨を用いた決済のエコシステム全体を見れば、ブロックチェーンだけでなく、仮想通貨取引所、ウォレット事業者、ＩＣＯ発行主体など様々な中央集権的組織が繋がっています。こうした中央集権的な組織も、ビットコインのエコシステムにおいて重要な役割を果たしているのが現状です。

また、度重なる仮想通貨の流出事件で明らかになったのは、秘密鍵の管理に関するリスクです。当初、秘密鍵は自分で厳重に管理するというが分散的なビットコインの思想だったのですが、一般の利用者はそんな面倒なことはしたくありません。利用者は、自分の秘密鍵を安全に管理してくれるプロフェッショナルを求めており、万が一問題が起こった時は、その組織が責任を取ってくれることを期待しているのです。流出事件とその後の展開は、消費者の組織に対する期待の根強さを浮き彫りすることにもなりました。

ビットコインが「分散化」に懸命に取り組んできた一方で、中国におけるアリペイ、ＷｅＣｈａｔ Ｐａｙは高度に中央集権化された支払い手段です。それにもかかわらず幅広く普及しているのは、結局のところ、懸念をはるかに上回る利便性やメリットがあれば、ユーザーは利用するようになるということでもあります。ビットコインをはじめとしてブロックチェーン技術に基づく仮想通貨は、プライバシーを重視して開発されてきましたが、中央集権的な「キャッシュレス」が普及する中、プライバシーをどう守るか改めて考える必要があるのではないでしょうか。

組織による信頼を排することを目的として誕生したブロックチェーンですが、今のところ、すべてを排することは難しそうです。また、分散的であることを、消費者がどれだけ評価するかという問題もあります。ブロックチェーンが階層型組織を完全になくすことは難しいのが現状です。

人間の情報処理能力を補完するための信頼の新たな形

デフレーミングの時代には、個人が産業においてより重要な役割を果たし、よりきめ細かくビジネスの要素を組み合わせることになります。そのため、経済取引において、大企業が長年にわたって築いてきたブランド力という潤滑油に頼ることができません。分散化された、顔の見えない経済主体間の信頼をいかに補完するかは、今後の経済における重要な要素であり、それを解決することができれば、大きなビジネスチャンスにもなります。

そのような中でも、本章で見てきたように、いくつか信頼を補完する方法が登場しています。一つはプラットフォームによる決済のエスクローであり、取引における互いの誠実な行動を促す仕組みです。また、クチコミはサービスや商品のクオリティに関する不確実性を減らすことができます。また、ブロックチェーンは不特定多数の人々による運用であっても、価値を記録したものがなくなったり盗まれたりしないということを、暗号を駆使して担保することができます。

しかし、これらの方法はまだ多くの課題を残しています。プラットフォームによる仲介は便利ではありますが、経済の要となる部分を特定企業に依存することになり、富の極端な偏在やプライバシー上の問題を引き起こす可能性があります。また、クチコミの操作や、ステルス・マーケティングの存在も課題です。ブロックチェーンによる分散化も完全ではありません。

結局のところ、信頼は人間の「情報処理能力の限界」を埋めるものです。先に見たように、信頼とは他人に期待してリスクを受容することでした。取引におけるリスクをすべて把握し、それを回避する手段を講じることができれば、信頼は必要ありません。ネットショッピングであれば、店や製品の情報をくまなく調べ、いざという時の対策を講じることができれば、信頼の問題は生じないかもしれません。しかし消費者は通常、そのようなことに十分な時間を割く余裕がありません。組織が長年の取引実績に基づいて信頼を提供してくれることで、消費者は確認の手間を省くことができます。組織に対する信頼が良いか、分散化された信頼のほうが良いかは、消費者にとっては相対的なものなのです。

ただし、信頼が分散化することによって、より自分に最適化された信頼を提供してもらうことができます。ある具体的な商品の品質や使い勝手はどうなのか、自分と同じような境遇の人がどのような感想を持ったかなど、より個別具体的な評価の方が役に立つのは言うまでもありません。こうした個人発の情報の信頼性をいかに高めていくか、そして個人の情報処理能力の限界をどう補完していくかが重要です。デフレーミングが進めば進むほど、これまでとは違った形で信頼を担保してくれる組織やシステムへのニーズが高まります。そこに、企業のビジネスチャンスが隠されているでしょう。

第7章　デフレーミング時代の個人の戦略

ここまで、デフレーミングの3つの要素、すなわち「分解と組み換え」、「個別最適化」、「個人化」を順に見た上で、信頼の分散化にどう対応するかという課題があることを示してきました。こうした時代において、私たち個々人はどのようなキャリアを築いていけば良いのでしょうか。本章では、デフレーミングの時代を生き抜くための個人の戦略を考えていきます。そのために、まず個人を取り巻く大きな社会トレンドを概観したうえで、これから求められる人材や働き方、そしてそのために私たちがやるべきことを示していきたいと思います。

超高齢化社会がもたらすキャリアの長期化問題

私たちの働き方に大きな影響を与えているのは、少子高齢化の問題です。どの国においても、経済が豊かになるにつれて寿命が延び、一方で教育コストがかさむことや晩婚化などの影響から少子化が進んでいます。ご存知の通り、こうした少子高齢化は日本において特に顕著になっていますが、超高齢化は、年金支給年齢の引き上げや、それに伴う高齢期の就労問題など、働き方や

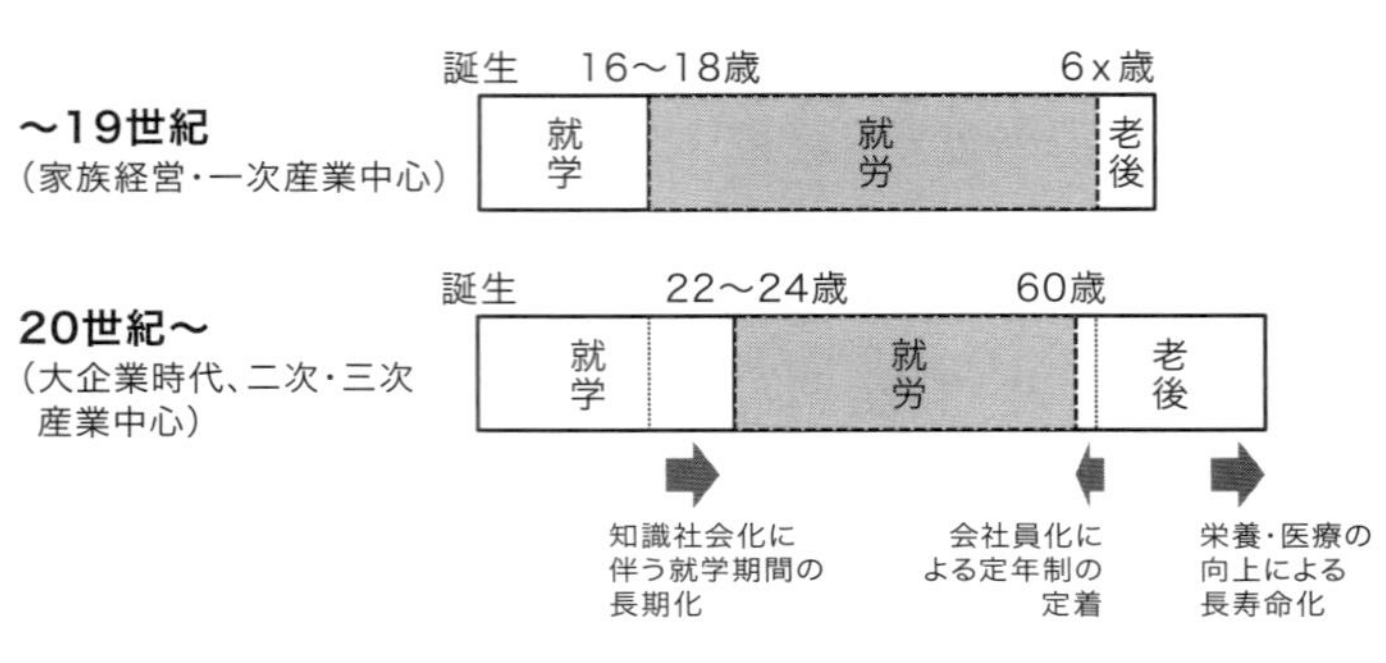

図 7-1　就労期間の短期化

キャリアデザインにも大きな影響を与えつつあります[53]。

個人のキャリアプランの観点からいえば、超高齢化社会の影響として真っ先にあげられるのは社会保障に関する問題でしょう。１９６５年にはおよそ現役世代９人で１人の高齢者を支えればよかった「胴上げ型」から、２０５０年には現役世代１・２人で１人の高齢者を支える「肩車型」になるともいわれています（財務省[54]）。現役世代が高齢世代を支えるという賦課方式の年金を基本とする現在の社会保障制度は、高齢化の影響を最も受ける分野であり、このままのシナリオでは、現役世代の負担は持続可能なレベルを超えてしまう恐れがあります。

一方で、老後の資金の問題は、賦課方式の社会保障のみに起因するとは言い切れません。図７-１は、過去（農業中心社会）と現代（会社員中心社会）の就労期間を概念的に比較したものです。

第2章でも述べたように、農業中心社会の時代には、中学あるいは高校を卒業してすぐに生産活動に入りますが、定年退職という制度がないため、健康なうちは働き続け、緩やかに引退していきます。寿命が短かったこともあり、「引退」の期間は短く、生涯のうち少なくとも6割程度は就労期間であったと推測されます。

現代社会では、知識経済化に伴って就学期間が長くなり、働き始めるのが遅くなっています。4年制大学を出てから就職することが一般化しているのはもちろん、これからさらに知識経済化が進めば大学院修士課程、博士課程を出てから就職ということも増えてくる可能性があります。

一方、家族経営であった農業社会から、会社員を中心とした工業社会へシフトしたことで、定年制が普及し、60歳前後で労働市場から退出することが一般的となりました。その一方で寿命が

53　高木聡一郎（2016）「超高齢化時代に適したキャリアの柔軟化を考える」GLOCOM OPINION PAPER No.5. http://www.glocom.ac.jp/wp-content/uploads/2016/10/OpinionPaper2016_No5.pdf.
54　財務省ホームページ「社会保障・税一体改革の概要」http://www.mof.go.jp/comprehensive_reform/gaiyou/02.htm

飛躍的に延びたことも加わって、生涯に占める就労期間は4割から5割程度にまで短期化したと推測されます。個々人で考えて見ても、生活費の倍は稼がないと帳尻が合わない計算です。仮に年金制度が積立方式であったとしても、個人だけで人生の収支を合わせることは容易ではないでしょう。

高齢者は昔に比べて健康で、若返っているとする見方もあります[55]。まだ十分働ける能力や体力があるにもかかわらず、定年退職等の制度により、強制的に「支えられる側」になっている状況があります。国際大学GLOCOMとパナソニック株式会社スペース&メディア創造研究所が共同で実施したアンケート調査[56]では、60歳以降に働くことを希望する人は約75%である一方、60歳以上で実際に働いている人は約35%にとどまっていることがわかっています。

「終身雇用」という幻想と課題

こうした中、高齢者の就労を促す取り組みは数多く行われてきています。その代表的なものが雇用延長、再雇用ですが、課題も多くあります。前述のアンケート調査では、60歳以降に就労していない人の大半は企業の正社員出身であることがわかっています。その中でも、特に課題を抱えているのは、意外なことに管理職経験者です。課長、部長クラスであった人は、60歳以降に就労していない傾向にあります。管理職になると労働組合を脱退する上、役職定年等で早い段階で子会社等に出向になるため、能力があっても高齢期に働けないという問題が生じています。

また、画一的な雇用延長や再雇用に対する課題もあります。変化の速い事業への向き・不向きや、上司であった者が部下になった際の組織運営も課題です。また、変化の激しい現代では、そもそも、長い人生にわたって安定的に自分の企業が存続するかという問題もあります。雇用延長しようにも、会社の方がなくなってしまう可能性があります。

「終身雇用」という言葉には、職業人生全体にわたって生活の心配がなくなる代わりに、その企業に生涯仕えるという考え方が根底に流れています。しかし、前述のように、長寿命化時代においては、「定年」はあっても、もはや「終身雇用」とはいえない状況になっています。企業側から見ても、65歳あるいは70歳まで、すべての従業員の雇用を保障することは、産業の競争力や新規雇用時のリスクを考えると容易ではないでしょう。こうした超高齢化社会の課題からみて

55 秋山弘子（2012）「長寿社会とICT」http://www.soumu.go.jp/main_content/000190764.pdf などを参照。
56 インターネットモニター６０００人を対象としたアンケート調査。２０１６年３月実施。

も、働き手が企業に依存して自分の人生を預けてしまうことは高いリスクがあります。

しかし、人が長年にわたって培ったスキルや知識は、その企業だけでなく、社会全体にとっても貴重な資産です。デフレーミングの大原則は、貴重な資源を有効に活用するということでした。貴重な人材を有効に活用するために、企業は雇用形態の柔軟化を真剣に検討する必要があります。たとえば、これまで多くの企業は社員の兼業を厳しく制限してきました。しかし、その企業も、生涯にわたって雇用し続けて社員の面倒を見ることができないという前提に立てば、柔軟に兼業を認めるべきでしょう。

主となる企業で働きつつも、異なる仕事と収入源も持ちながら、年代によって主たる仕事をシフトしていくことができれば、年金に加えて、まったく新しいセーフティネットともなります。主となる企業で培った経験をもとに、シニア期に起業したり、ベンチャー企業へ再就職したり、それまで培った経験を活かすことは、本人にとってだけでなく、人材難やイノベーションの不足に苦しむ社会全体にとっても大きな意義があることです。

政府もこうした環境の変化に対応して、２０１７年3月に「働き方改革実行計画」を発表し、副業・兼業を認める方向でガイドラインを策定するとしました。そして、その後厚生労働省から「副業・兼業の促進に関するガイドライン」や、副業・兼業に関する規定を含めた「就業規則」のモデルを発表しています。

超高齢化に突入した現代、「終身雇用」という幻想にとらわれず、自分の身は自分で守れるよう、スキルや職業のポートフォリオを自分で設計していく必要があります。

ベーシックインカムは技術的失業への切り札になるか

ここ数年、人工知能の急速な発展によって、人間の雇用が奪われるのではないかという議論が活発になっています。こうした議論に火をつけたのはオックスフォード大学の研究者が発表したレポートで、半数の職業が人工知能により奪われる可能性があるとしたものでした。

実は、こうした技術革新に伴う雇用の減少は、以前から「技術的失業」として知られてきた現象です。これまでの人類の歴史を振り返ると、確かに自動車によって人力の駕籠（かご）や、馬を操る御者の仕事がなくなりました。また、トラクターや肥料の開発によって、少人数で農作物を管理することが可能になり、農業従事者の数は劇的に減少しました。また、工場の自動化によって、圧倒的に少ない人数で物を生産することが可能になりました。経済学の教科書では、こうして減少した雇用は、より生産性の高い職業で置き換えられるとされています。確かに歴史を紐解けばそうしたロジックで雇用が生み出されてきました。しかし、今日の人工知能に関する問題は、それがあまりに速いスピードで進化を続けた場合、職業のシフトが間に合わず、大量の失業が生み出されるのではないかという点にあります。

職業がなくなるといっても、数世代の時間をかけてなくなるのであれば、子供や孫の世代は違った教育を受け、違った職業に就けば良いということになります。しかし、働いている途中で職業を変えなければならないほど速いスピードで技術の普及が進めば、職業の転換は痛みを伴うものになります。また、一部ではコンピュータによって、今後はあらゆる職業が不要になるという論調もあります。

このような懸念に対して、「ベーシックインカム」に答えを求めようとする動きが出てきています。ベーシックインカムとは、政府がすべての人に無条件で一定の生活費を支給するというものです。現在の生活保護や年金などを廃止し、稼いでいる人にも、そうでない人にも、一律で定額（たとえば毎月7万円などの生活費）を支給するという考え方です。この考え方は、欧米を中心に人権、家庭労働への報酬、貧困撲滅など様々な観点から議論されてきた経緯がありますが、コンピュータで仕事がなくなるなら、いっそベーシックインカムにしてしまおう、ということで再び注目されています。

ベーシックインカムには、抜け漏れのない生活支援が可能になるとか、生活保護の審査や事務手続きのコストを削減できるといったメリットがあります。また、専業主婦などの非賃金労働も収入を得られるようになるほか、収入が保証されるため人々がチャレンジしやすくなるといった効果も期待されています。一方で、本当に財源を確保できるのか、労働意欲が減退するのではないかといった懸念も指摘されています。最近では、スイスにおいて国民投票までこぎつけましたが、最終的には否決されました。また、フィンランドでは一部試験的に導入されていましたが、本運用には至らず2017年末に試験導入は中止となりました。カナダのオンタリオ州でも同様の実証実験を行っていましたが、2018年7月に打ち切りを発表しています。

ベーシックインカムそのものは先に述べたようにいくつかのメリットもあり、検討に値する考え方ですが、人工知能の普及に伴う失業への対策として使うには難しい面もあります。ご存知の通り、インターネットを使ったサービスは、簡単に国境を超えて提供されています。検索サービスでも、ショッピングでも、世界中の人が、もっとも便利なサービスを使うことができます。使う人が多ければ多いほどより便利になるという「ネットワーク効果」によって、この優位性はより強固になっていきます。

特に本書で取り上げてきたプラットフォームサービスは、こうしたネットワーク効果が強く働くうえ、多く使われるほどデータが蓄積し、人工知能の「学習」に使えるため、大きなプラットフォームはより良い人工知能を開発できる可能性が高まります。ところが、こうして開発された最も便利な人工知能が人間の職業を置き換えるほど「稼げる」存在になったとしても、それは海外の事業者が運用する人工知能かもしれません。

もし人工知能が雇用を代替して、その分の収入不足をベーシックインカムで補うとするなら、海外の人工知能を使ったサービスにも税金をかける必要があります。もちろん、逆の立場、たとえば日本にある人工知能が生み出した付加価値に対して、外国政府から分配を要求されることも想定する必要があるでしょう。現代のサービスはグローバル化しており、もはや一国の社会福祉制度は、世界規模での富の流れを無視して考えることはできないのです。

デフレーミングの原則から考えると、国という枠で社会保障を考えること自体に無理があるのかもしれません。人工知能で雇用がなくなるからベーシックインカムで解決しようとするのであれば、社会保障の仕組みを世界で統合する必要が出てくるでしょう。

また、人工知能があるから働く必要はなく、遊んで暮らせばいいという考え方についてどうでしょうか。確かに理想的かもしれませんが、ごくベーシックな衣食住、たとえば江戸時代の生活水準で構わないということであれば、食の生産、衣服の生産、住居の建設は現在の技術水準でも、ほぼ自動的に生産できるかもしれません。しかし、人間はそれでは満足できない生き物です。少しでも快適なもの、自分らしいもの、満足できるものを求める気持ちがある以上、現状への「プラスアルファ」を作り出す仕事が必要になるのです。最低限で満足できない以上、人間による創意工夫、すなわち仕事がなくなることは無いかもしれません。

人工知能が一部の人や企業の所有物である場合、ベーシックインカムという構想が意味するのは、人工知能の稼ぎを分配してもらうという制度です。これは、極端にいえば稼げる人工知能に忠誠を誓う代わりに「俸禄」としての分配を得るということになります。ベーシックインカムは、いわば「デジタル封建主義」とも紙一重なのです。結局のところ人工知能を使って便利なサービスを提供してくれるのは、それを所有している企業などの資本力です。個人個人が人工知能を使って仕事をするにしても、各人が有効な人工知能の使い方を学ぶ必要がありますし、少しでも上手く使って仕事を提供できる人のところに仕事が集まる可能性があります。

近年話題になった本にユヴァル・ノア・ハラリの『ホモ・デウス』(柴田裕之訳、河出書房新社)がありますが、この中に「無用者階級」というキーワードが出てきます。人工知能や機械が人間よりもあらゆることを上手にできるようになった結果、人間がなんら社会的な貢献を果たすことのできない状況が生まれるというのです。そして、このように人間が社会的な貢献を果たせなくなることは、個人の尊厳に基づく自由主義に対する脅威であるとしています。人工知能で仕事がなくなっても、ベーシックインカムで遊んで暮らせば良い、という考え方は、自由民主主義の根幹を脅かす可能性もあるのです。

そう考えてくると、これからベーシックインカムで暮らしていけるから、人間は遊んでいてよい、と考えることは危険でもあります。実際にはそのような日は来ないかもしれませんし、来たとすると人間の独立性と主体性が失われる日かもしれません。人工知能が便利な機能を提供してくれるとしても、それを使いこなして新しいサービスを提供し、自ら課題を解決する活動は引き続き必要になる可能性のほうが高いのではないでしょうか。

デフレーミング時代のキャリアの原則

これまで見てきたように、デフレーミングの時代は、従来の「枠」が崩壊する時代です。所属する企業も、ワークプレイスとしての職場も、大学も、そして長期的には国や自治体の枠組みさえもなくなり、個々の要素が重要になります。

これは、特に企業に就職して働くという人生設計に大きな影響を与えます。これまでは、ある企業に学校卒業と同時に入社し、定年退職までずっと過ごすことが一般的でした。こうした社会では、個々人の特色ある能力よりも、一定の役職・職種に求められるスキルをそこそこ満たしていれば済みました。むしろ、数年単位での異動を前提として、様々な業務をそれなりにこなす器用さが求められます。また、その業務に精通したプロフェッショナルよりも、企業特有の文化や作法の理解が高く評価されてきました。それは、社会における企業の役割が比較的安定しており、また企業にとっても、個人にとっても、企業や国といった枠組みで競争から守られてきたからで、余裕があったからだともいえるでしょう。

しかし、デフレーミングの時代は、企業の中か外かに関わらず、最適なものを見つけて、利用できる時代です。デフレーミングにおける基本的な考え方は、世の中に存在する貴重な資源を無駄なく活かすことであり、これは個人のスキルにも当てはまります。テクノロジーの力でマッチングと取引が飛躍的に加速される中、企業の従業員であっても、競争相手は会社の外にいると考える必要が出てきています。

この状況に対抗するためには、個人個人が持つユニークな知識、スキル、思考パターン、得意分野、関心事項などを磨き、組織という枠にとらわれず、活かしていくことが重要になります。こうしたユニークなスキルや知識などをどのように磨き、また、どのように他者と繋げていくかが重要です。また、環境の変化に応じて学び直していくことも必要になります。

インフルエンサーにみる「個性化」の必要性

前にも触れましたが、現在の広告の世界では、SNS等で発信力のある一般人や芸能人などに謝礼を渡して商品の紹介をしてもらう「インフルエンサー・マーケティング」が増えてきています。インフルエンサー・マーケティングは一般的に、企業がSNSやブログ等で発信力のある人々に商品を提供し、謝礼を支払うことによって、商品やサービスを紹介してもらう方法です。

また、必ずしも企業がお金を出さなくても、ユーチューバーに代表されるように、発信力さえあれば広告収入を得るビジネスも行えるようになりました。個人の「稼ぎ方」としてインフルエンサーが定着してきたともいえます。

こうしたインフルエンサーという「働き方」は、これまで芸能人やスポーツ選手など一部の著名人に限られていた広告という仕事が、一般の人でも行えるようになったことを示しています。インターネットというツールによって発信力を手に入れたことで、工夫次第でだれでもこうした広告の担い手となることができるようになったのです。

ところが、当初はだれでもインフルエンサーになり得ることがその特徴だったのですが、競争が激しくなるにつれ、状況は変わりつつあります。一つは専門化です。だれでもインフルエンサーになり、情報を発信できるようになると、継続的に視聴してもらうためには高いクオリティのコンテンツを作り続ける必要があります。そうなると素人がそのまま作り続けることは難しく、芸能事務所等へ所属して半ばプロとして行っていくことになります。

たとえば「ＵＵＵＭ」という会社は、ユーチューバー向けのマネジメントプロダクションですが、撮影などコンテンツ制作や企画、グッズ販売まで、ユーチューバー向けのサポートを行っています。ここまでくると、ユーチューバーを目指すことは、芸能人をめざして芸能事務所やお笑いの専門学校に行くことに近づいてきます。

もう一つの側面は、徹底的にニッチ化が進んでいることです。一人キャンプの専門家、特定のテーマを決めた旅行、コスプレ用のコスメ、時短料理家、絶景写真家など、特定のニーズに特化したテーマを追い続けるインフルエンサーです。情報が溢れている時代、継続した視聴者を維持するためには、個性を出さなければ見つけてもらえない可能性があります。

実はこうした傾向はすべての産業に当てはまります。世界中がネットでつながり、だれでも最良の物を探せる時代です。それと同時に、だれもが提供者になることができるようになりました。しかし、膨大な提供者の中から選ばれるのは、オールマイティな「スーパースター」か、狭い分野でトップである「ニッチ」のどちらかです。というのも、世界中から最良の物にアクセスできるなか、だれも好んで二番手、三番手のものを使いたいとは思わないのです。

「スーパースター」を目指すにせよ、「ニッチ」を目指すにせよ、情報が流通する範囲のなかでのナンバーワンを目指すことが、これからの重要な戦略になります。二番手、三番手には厳しい世界ですので、これまでより強く差別化を意識する必要があります。差別化できない場合は、世界レベルでの価格競争に巻き込まれてしまう可能性があります。

価格競争は、クラウドソーシングの世界ですでに顕著になっています。クラウドソーシングには延べ人数で２００万人もの人が登録しているとされていますが[57]、経済産業省の調査によると[58]、４分の３以上の人は、月平均で2万円以下の収入しかありません。クラウドソーシングというプラットフォームを介してマッチングするためには、どうしても定型的な内容にならざるを得ません。Ｗｅｂデザイン、翻訳、ロゴ作成など、多くの人ができそうな仕事になると、途端に価格競争に巻き込まれてしまうのです。その中でいかに特異な能力や分野を磨き、定型化された業務から脱するかが課題になります。

そのため、特別な能力を、溢れる情報の中から見つけてもらうことが重要になってきます。見

57 http://homeworkers.mhlw.go.jp/files/h27-report-crowdsourcing.pdf.
58 http://www.meti.go.jp/meti_lib/report/2014fy/000702.pdf.

つけてもらうという点で、これからはデザインの重要性もますます高まってくるでしょう。デザインという言葉には分野によって様々な意味が内包されていますが、さまざまな要素間のインタフェースや関係性をどう設計するかという問題であり、特に人間の認知・理解と深い関わりがあります。いかに自分の強みや売りを効果的に相手に伝えるかという観点で、デザインはデフレーミング時代の重要なスキルになります。

デフレーミング時代のリーダーシップ

デフレーミングの時代は「個人化」の時代であり、リーダーシップとは無縁という印象を持つかもしれません。しかし、デフレーミングの時代だからこそ、リーダーシップは重要になります。というのも、これまでは階層的組織において、上司という権限を前提としてリーダーシップを発揮すればよかったのですが、これからの時代はかならずしも上司と部下という関係性ではないチームをリードしていく必要が出てくるからです。

これまでは企業の中の職制という関係の中で、部下に対して指示をすることができた時代でした。しかし、デフレーミングの時代には一緒に働いていても実は異なる所属ということがあり得ます。もちろん、契約があればある程度は命令的に行うこともできるかもしれませんが、気に入らなければ今後付き合ってもらえないかもしれません。

そこで、これからはコマンド・アンド・コントロールに代わって、モチベーションの管理が重要になります。もともと異なる組織やインセンティブのもとで、バラバラに働いていた個人を一時的にチーム化するわけですから、何をめざしているのか、それにどのような意義があるのかを、メンバーが理解できるよう導くことが、これからのリーダーシップの主要な要素になります。

同時に、どこにどのような人がいるのかを幅広く把握しておくことも必要です。最新のビジネスモデル動向に詳しいのはこの人、モバイルアプリの開発ならこの人、ある企業へのアプローチならこの人、といった具合に、幅広い人脈を持ち、「ひとりプラットフォーム」ができるくらいでなければなりません。これまでの伝統的な企業のシニア層は、企業の中だけでそうした「ひとりプラットフォーム」のような機能を備えていました。多事業部からなる大企業の中だけで仕事が完結していた時代には、こうしたシニアの存在は貴重でした。しかし、これからは社外にも目を向ける必要があります。社内にこもっているのではなく、SNSも駆使して幅広い人脈を築き、オンデマンドでつないでいくことが、これからの時代のリーダーとして必要なことになります。

学び直しの重要性

デフレーミングの時代は、個々人の能力やスキルをどうつなげていくかということが重視され、プロジェクト単位でチームを編成して仕事が進んでいきます。そのため、自分がどのようなスキルや強みを持っているかを意識しておく必要があります。また、超高齢社会によるキャリアの長期化を考えると、自分の強みは常に更新していく必要があるでしょう。したがって、「学び直し」がひとつのキーワードになります。

先に紹介した「EDELMAN」のフリーランスに関する調査[59]では、フリーランサーのうち55％は過去6カ月以内に教育訓練などによってスキルアップに取り組んでいますが、通常の就労者だと30％しか取り組んでいません。また、フリーランサーの方が、仕事がコンピュータ等の影響でなくなることについて危機感を強く持っています。フリーランスの方が、学び直しの重要性を強く意識しているということでしょう。

また、前にも紹介した高齢期の就労に関するアンケート調査でも[60]、「資格の取得」、「起業のための資金づくり」、「知識・技術の習得」、「他企業での労働」、「個人事業のできるスキルの習得」

をしている人は高齢期の就労率が高い傾向が見られています。現役世代のうちから、キャリアシフトのための「学び直し」を進めることは、高齢期の就労にも有益です。[61]

一方で、デフレーミングのおかげで、新しいスキルを学ぶのも以前よりも容易になっています。前述のＵｄｅｍｙや得到などのオンライン教育アプリによって、人工知能のしくみから、Ｗｅｂサービスの作り方、Ｗｅｂデザインから起業の仕方、自己啓発まで、様々なスキルを手ごろな価格で学ぶことができます。

こうした形でスキルを随時アップデートできるようになることは、少子化対策にもなります。現代の少子化の一因は、知識経済化が進んで教育にお金がかかるようになったということがあります。だれもが大学、大学院に行くことが当たり前になると、一人子供を持つだけで大変な費用になります。また、同時に教育を受ける期間が長くなると、それだけ晩婚化が進み、子供を持つ機会を失うことになります。大学等でまとめて最初に教育を受けるだけでなく、キャリアの途中

59　前掲　Edelman Intelligence (2017).
60　国際大学ＧＬＯＣＯＭとパナソニック株式会社スペース＆メディア創造研究所が共同で実施した。
61　高木聡一郎（2016）学び直しの方法論　社会人から大学院へ進学するには、インプレス R&D 参照。

でも手軽に、随時知識を更新していくことができれば、教育に対する負担感を少しでも減らすことにもつながります。

教育もパーソナライズの時代へ

幸いなことに、教育システム自体もデフレーミングの第2の原則、個別最適化の方向に動き始めています。個々の進度や強み、得意分野、志向性にマッチした教育を提供しようという動きです。

皆さんの中にも、過去に数学や英語、あるいは統計学などを学ぶ過程で、つらい思いをした方もいらっしゃるかもしれません。特に体系的に学ぶ必要がある科目においては、一つ一つのステップを理解したり、覚えたりする必要があるため、かなりの根気が必要とされます。アーリック・ボーザー氏は最近出版した著書『Learn Better』（月谷真紀訳、英治出版）のなかで、学ぶとは何か、どうすれば深く学べるのかを幅広く解説しています。同氏は「学習の目的はある事実や概念についての考え方を変化させることであり、学習にあたってめざすのは思考の体系を学ぶこと」であるとしています。単に事実情報を記憶するだけでなく、新しい考え方を手に入れるくらい、深く理解する必要があるということです。

ボーザー氏は、そのためには学習の対象が、自分自身にとって価値あることであると認識できることが、良い学びの第一歩であるとしています。こうした深い学びのためには、それぞれの学習者の問題関心と、学習の対象となっていることをいかに結び付けられるかが重要です。ここは指導者の腕の見せ所でもあります。学び手一人ひとりの問題関心と、これから学ぼうとすることの間にどのような関係性を見出して、学び手に理解してもらうかは、その後の学習効果に極めて大きな影響があります。

ここに、これまでの一方向のパッケージ化された教育の問題点があります。教室で単純に知識を伝授する従来型の授業では、学生は自らの問題関心とその教科を結びつけるのは容易ではありません。その教科に意味を見出せなければ、学ぶことに関心を持てないのは当然です。ましてや理解が難しい科目になると、エネルギーを継続的に投入するのは難しいでしょう。

もちろん、教室での授業の際にも工夫できることはあります。筆者は教室で講義型の授業をする際にも、テーマに即した短いお題を出すことにしていました。たとえば情報技術の歴史を学ぶ授業においては、「新技術は既存の技術の組み合わせで生まれる」という命題があります。そこで、「身近に使っている技術は、何と何の技術の組み合わせでできているか？」をお題として出し、学生たちに考えて発表してもらいます。たとえば、スマートフォンであれば、タッチ操作可能な液晶パネル技術、無線通信技術、記憶媒体技術などが組み合わせっていることがわかります。さらに、「何と何の技術を組み合わせたら、どんなことができるだろうか？」というお題も出して、学生に考えてもらいます。こうした身近な話題と紐付けて、自ら考えることで、学ぼうとしているテーマの意義を理解することができるようになります。

たくさんの学生を相手にするよりも、少人数の学生を対象にした方が、よりきめ細かく対応できることは言うまでもありません。それぞれの学生のニーズや関心事項を把握することができるようになりますし、よりきめ細かく学習対象の意義を理解してもらえるよう説明することができます。大学院くらいになると、こうした少人数の教育になることが一般的ですが、できれば自ら意味を見出しにくい小学校くらいから、きめ細かな教育ができると理想的です。

もう一つのアプローチは、学び手の意思に沿って学ぶ対象を決めるということです。幸い、現代ではインターネット上で自分が学びたいことを学ぶためのコンテンツがたくさんあります。たとえば、先にも紹介した教育分野のプラットフォームのＵｄｅｍｙ、Ｓｃｈｏｏ、中国の得到では、Ｗｅｂ開発、イラスト作成、デザイン、外国語、投資運用、起業の仕方まで様々なテーマについて学ぶことができます。自分の興味関心に沿って学ぶ対象を選択するようにすれば、初めから自分の問題関心とは紐付けられていますので、よりモチベーションを持って学ぶことができるでしょう。

このような学習者に裁量を任せるやりかたを学校教育において採用したところに「Ａｌｔｓｃｈｏｏｌ」というところがあります。Ａｌｔｓｃｈｏｏｌは２０１３年に元グーグルの社員によってサンフランシスコで設立された学校で、同市とニューヨークにおいておもに幼稚園児から中学生[62]を対象に教育を提供しています。ここでは、自らカリキュラムを設計することとなっており、宿題や個人的な目標などについても、学習者が設定することになっています。

パーソナライズが可能なのは、教育のコンテンツや宿題の提出などがかなりシステム化されており、アプリを多用しているためでもあります。デフレーミングの第２の原則、マス・カスタマ

62 正確には「pre-kindergarten through 8th-grade」を対象としている。https://www.altschool.com/about/about 参照。

イゼーションによる個別最適化を活かした方法といえるでしょう。こうした取り組みは、他にもフェイスブックが提携している「Summit Public School」が知られています。ここでも、PLP（Personalized Learning Platform）と呼ばれるIT基盤を構築し、生徒が自ら何を学ぶか設計することができるようになっています。

ただし、こうしたパーソナライズされた教育には課題も指摘されています。一斉教育に比べて、学習の進度が遅いという場合も指摘されています。[63] パーソナライズした教育を追求した結果、社会が求める一律の基準に達しない場合があるということかもしれません。ただ、ビル・アンド・メリンダ・ゲイツ・ファウンデーションが支援した調査によると、[64] こうしたパーソナライズされた教育は数学や読解で特に効果があり、中でもあまり成績がよくなかった生徒に顕著なプラスの効果があったとされています。もともと満遍なく幅広い教科で高いスコアを取れる生徒には、一斉授業でも良いということかもしれませんが、引き出し切れていない能力もあるかもしれません。今後研究が必要な領域ですが、知識経済化が進み教育が重要になる中、いかに一人ひとりに合った教育を提供できるかは、さらに重要な課題になるでしょう。

学び方を学ぶことが教育の最大の目的

これからは、知識を一度身に付ければ、一生食べていけるという時代ではありません。技術進歩が極めて早くなっている現代においては、一度習得した知識やスキルはすぐに古くなってしまいます。

表7-1は、オランダのソフトウェア会社ＴＩＯＢＥが発行している主要なプログラミング言語の過去30年間の変遷です[65]。１９９８年には、C言語、Lisp、Adaがトップ３の言語でした。２０１８年時点では、Java、C、C++がトップ３であり、そこにPythonが急速な勢いで成長しています。しかも、２０１８年のトップ15のうち、９個は１９８８年には上位に入っていないか、存在していなかったのです。C言語はまだ残っていますが、30年前にLispやAdaを新入社員の

63 https://jp.techcrunch.com/2017/11/24/2017-11-22-altschool-wants-to-change-how-kids-learn-but-fears-that-its-f AI ling-students-are-surfacing/.

64 John F. Pane, Elizabeth D. Steiner, Matthew D. Baird, Laura S. Hamilton (2015) Continued Progress: Promising Evidence on Personalized Learning.

65 https://www.tiobe.com/tiobe-index/.

順位	プログラミング言語	1988	1998	2008	2018
1	Java		17	1	1
2	C	1	1	2	2
3	C++	4	2	3	3
4	Python		24	6	4
5	C#			7	5
6	Visual Basic .NET				6
7	PHP			4	7
8	JavaScript		21	8	8
9	Ruby			9	9
10	R			48	10
11	Objective-C			40	14
12	Perl	22	3	5	16
13	Ada	3	12	18	29
14	Lisp	2	8	16	30
15	Fortran	15	6	21	31

表 7-1　主要なプログラミング言語の変遷（順位）出典：TIOBE

時に学んだ人は、もしエンジニアとしてキャリアを続けるのであれば、新しいプログラミング言語を学び直す必要があることがわかります。

ただし、プログラミング言語の違いは「方言のようなもの」と言われることもあり、一度習得すれば、転向は一般的にはそう難しいことではありません。最初にプログラミングを学んだ際に、その基本的な考え方や、使い方、気をつけるべきポイント、習得方法についてある程度経験があるはずです。そうした知識やスキルの「体系」を使いまわすことで、新しい言語の習得は、最初の言語に比べてずっと早くなります。

これは、プログラミング言語に限らず、あらゆる学びに共通する事項です。外国語を覚えることや、会計の方法を学ぶのと、管理職としての業務やスキルを身に付けること、あるいはゴルフやスキー、楽器の演奏を習得するのは、一見するとまったく異なる内容を学ぶように見えます。しかし、これらには共通項もありますし、自分にあった学び方を何通りか身に付けておけば、幅広い学びに対応することができるようになります。たとえば、学び方には以下のような共通的に使える考え方があります。

分解して最小単位に取り組む：分からないところ、難しいところがあれば、それを要素分解します。勉強でわからないところがあれば、分かるところまで戻って、わからない用語や法則だけを調べていくのです。分解して細かくなった部分の一つひとつを潰していくことで、少しでも前に進んでいく方法です。

自分なりに整理する：教科書などを漠然と呼んでも、頭に入ってこないことがあります。そのような時には、自分で概念の関連図などを作って、他人にも説明できるようにするのです。自分の言葉で説明することでより明確に理解できるようになります。この方法は、細部よりも全体の構造をつかむ際に特に役に立ちます。「要するになんなのか」を説明できるようになれば、それは知識の一部として使えるようになります。

目標を設定する：資格試験を目標にする、同僚の前で3カ月後に発表する、といった期限付きの目標を設定するのも有効です。資格試験だけだと、自分の判断で先延ばしすることもできるようになるため、他人に見てもらう約束をするのも良いでしょう。新しい技術について、社内の同じ部署の人たちに1カ月後に発表する機会を作るという手もあります。

これらは一例ですが、自分なりの学びの「型」を身に付けていけば、新しいスキルの習得を行う場面に出会った時も、柔軟に、楽しく対応していくことができるでしょう。

一方、このような学びの体験を、学校教育のなかで提供できるかどうかは大きな課題です。たとえば、体育の授業で、何キロ走れ、と言われても苦しいだけです。走るといっても、体幹の使い方や腕の振り方、重心の取り方など様々なスキル要素があります。そうしたことを学んで初めて、「走ることの面白さ」を感じることができるのではないでしょうか。「今までよりも楽に走れた」、「速く走れた」という感動や驚きがあって初めて、教育といえるのではないかと思います。

こうした学びの感動や驚きがあれば、社会に出て新しい知識やスキルを習得する際にも役に立ちます。学ぶための方法論や体系を身に付けておくことや、できなかったことができた時の感動や喜びの体験が、新しいことを学ぶ際の道具にもなり、またその原動力にもなるのです。

これからは、学び直しが継続的に求められる時代です。この時代に対応するためには、学び方や、学ぶことの喜びを教えることが教育の最大の目的になります。

第8章　デフレーミングの課題と展望

ここまで、デフレーミングについて概念やその具体例を見るとともに、個人がどのように対応すべきかを考えてきました。デフレーミングは技術の発展が必然的にもたらす現象ですが、それは必ずしもバラ色の未来というわけではありません。あらゆる変化にはプラス面とマイナス面があります。技術の進歩が必然的にもたらす社会的影響のマイナス面をいかに小さくしていくかは、技術の進歩が早い現代においては極めて重要な観点です。最終章となる本章では、まずデフレーミングがもたらすマイナス面を取り上げて解決策を考えるとともに、今後の展望やこれまで取り上げてこなかった観点についても補足したいと思います。

プラットフォームの巨大化と寡占問題

まず、第一の課題として挙げられるのは、プラットフォームの巨大化、寡占化という問題です。デフレーミングの原則では、パッケージ化されていた個別要素が分解し、つながり合うことによって新たなサービスや製品を構成するということでした。したがって、経済が「分散化」し、より平等で公平な、格差の少ない社会に向かっているように見えるかもしれません。

確かに、以前は埋もれていた才能や資源をうまく活用できるようになれば、社会の隅々にある潜在的な価値を具体化できる可能性が高まり、それは富を生み出すことにもつながります。しかし、それは必ずしも富の分配という面で平等を実現するわけではありません。

その一つの問題は、個別要素がつながりあうためには、今のところプラットフォームが必要であるということに起因しています。プラットフォームは、様々な個別要素が持つ情報を収集、整理、分析し、マッチングすることで、希少な資源が社会において活用できるようにします。プラットフォームなしにはクラウドソーシングも、P2Pレンディングも、個人に最適化された広告も実現することはできません。様々な要素が一堂に会し、マッチングできる仕組みがあることはデフレーミングの必須条件なのです。従来はパッケージ化されていた要素を分解し、つなぎ直す際に、マッチングを行うためのプラットフォームの存在が求められます。急速にデフレーミングが進んだことと、プラットフォームが急成長したことはコインの裏表という関係にあります。

しかも、プラットフォームは一般的に、大きければ大きいほど価値が高まります。自分の希少

順位	企業名	時価総額（10億ドル）	国	業種
1	マイクロソフト	780,520	アメリカ	ソフトウェア／プラットフォーム
2	アップル	748,680	アメリカ	エレクトロニクス／プラットフォーム
3	アマゾン・ドット・コム	735,900	アメリカ	プラットフォーム
4	アルファベット（グーグル）	728,360	アメリカ	プラットフォーム
5	バークシャー・ハザウェイ	499,590	アメリカ	金融
6	フェイスブック	375,890	アメリカ	プラットフォーム
7	テンセント	375,110	中国	プラットフォーム
8	アリババグループ	355,130	中国	プラットフォーム
9	ジョンソン・アンド・ジョンソン	346,110	アメリカ	ヘルスケア
10	JPモルガン・チェース	324,660	アメリカ	金融

出典：Wikipediaをもとに筆者作成

表8-1　世界の企業の時価総額ランキング（2018年第4四半期）

な資源を評価する人が10人いる場所よりも、1000人いる方がより高く売れる可能性があります。こうしたネットワーク効果を背景に、プラットフォームは独占、寡占に至る可能性が高く、また取引が増えれば増えるほど、プラットフォームに手数料の形で富が集中することになります。参考までに、表8-1は2018年第4四半期時点での、世界の企業の時価総額ランキングです[66]。

上位10社のうち7社において、何らかのオンライン・プラ

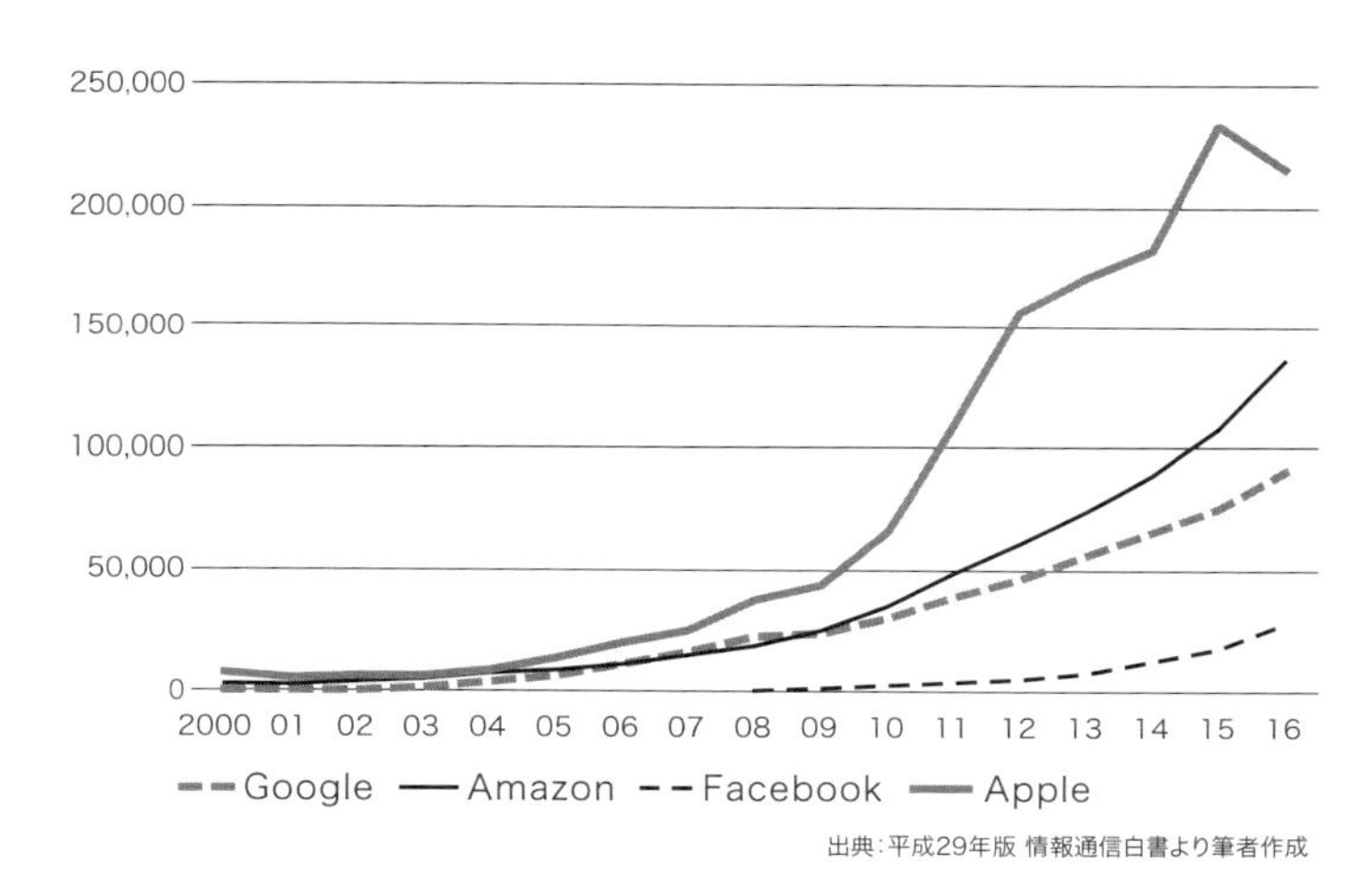

図 8-1 プラットフォーム企業の売り上げ推移（単位：百万ドル）

ットフォームが事業の主要部分を構成しています。

　また、図8-1に見られるように、オンライン・プラットフォームを提供するグーグル、アマゾン、フェイスブック、アップルという代表的な企業の売上高の推移を見ると、わずか10年ほどの間に急成長を遂げていることがわかります。[67] 頭文字を取ってGAFAと呼ばれる4社はいずれも米国企業ですが、近年は中国発のプラットフォーム企業も急成長を遂げています。代表的なものに、バイ

66　https://en.wikipedia.org/wiki/List_of_public_corporations_by_market_c API talization#2018.

67　http://www.soumu.go.jp/johotsusintokei/whitepaper/ja/h29/html/nc113110.html.

	第一位	第二位	第三位
日本	LINE	YouTube	Facebook
米国	Facebook	YouTube	Twitter
英国	Facebook	YouTube	Twitter
ドイツ	Facebook	WhatsApp	YouTube
韓国	KakaoTalk	Facebook	YouTube
中国	微信（WeChat）	微博（Weibo）	人人網
インド	Facebook	WhatsApp	YouTube
オーストラリア	Facebook	YouTube	Google+

出典：総務省　平成28年版情報通信白書より筆者作成

表8-2　各国でのプラットフォーム利用状況

ドゥ（検索エンジン）、アリババ（商取引）、テンセント（オンラインコミュニケーション）、ジンドン（商取引）などがあり、各社の頭文字をとってBATJ（バットジェイ）などとも呼ばれています。

一方、表8-2は各国においてSNS等のプラットフォームの利用状況について、各国の上位三社をまとめたものです[68]。フェイスブックやユーチューブが世界共通で高いシェアを誇っていることがわかります。その一方で、国によって、LINE、KakaoTalk、WhatsApp、Weibo、WeChatなど、その国特有のプラットフォームが高い利用率を持っていることも注目する必要があります。

こうした大手プラットフォーム事業者が急成長し、圧倒的な利用者のシェアを持っていることに対する懸念も指摘されています[69]。その中にはいくつかの論点が混在していますが、一つは純粋な産業政策として、高い利益率を実現できるプラットフォーム分野において日本発のグローバルな企業がないことに対する懸念です。２０１８年6月には、政府が取りまとめた「未来投資戦略２０１８」において、「企業価値又は時価総額が10億ドル以上となる、未上場ベンチャー企業（ユニコーン）又は上場ベンチャー企業を２０２３年までに20社創出」するという目標が示されましたが、これもワールドクラスのＩＴ企業が少ないことに対する懸念といえます。

プラットフォームは、利用されればされるほど、ユーザーに関する貴重なデータが集まり、それを人工知能の学習データとして、さらなるマス・カスタマイゼーションが可能になるなど、競争力がより優位になる可能性があります。「データ」という資源が特定企業に集まることで、競争優位の状況が長期的に固定化されることに対する懸念も指摘されています。また、海外のプラ

68　総務省（2016）「平成28年版　情報通信白書」。
http://www.soumu.go.jp/johotsusintokei/whitepaper/ja/h28/html/nc132220.html.
69　https://www.nikkei.com/article/DGXMZO2988330W8A420C1MM8000/, http://www.meti.go.jp/meti_lib/report/2016fy/000179.pdf.

ットフォーム事業者に日本の個人情報やセキュリティに関する情報が集積されていくことが、プライバシーや、ナショナルセキュリティ上問題ではないか、とする考え方もあります。こうした様々な懸念から、グローバルなプラットフォーム事業者に対してなんらかの規制が必要ではないかといった議論がなされています。

ただし、競争政策上の観点についていえば、一部のプラットフォーム企業が競争上独占的な地位にあるというだけで、直ちに問題が生じるわけではありません。その地位を利用して、ユーザーに対して不当に値段を吊り上げ、新規参入を妨げるといった行為により、市場が歪められ、消費者やユーザーになんらかの不利益が生じるようになった際に問題となるのであり、その時に適切な介入が必要ということになるでしょう。

一方、個人情報やセキュリティ上の懸念については、何が守るべき情報であるのか、そして大手プラットフォームに預けるのと手元で保管しておくのと、どちらがセキュリティ上安全か、利便性も加味した評価も必要でしょう。いずれにしても、個人情報の問題、ナショナルセキュリティの問題、そして競争政策上の問題を切り分けて、課題と対応策を検討する必要があります。

進むプラットフォームの細分化・階層化

ところで、もうプラットフォームの競争は決着が付いており、米国、中国以外の国にはチャンスがないのでしょうか。決してそんなことはないと思います。プラットフォームには、SNSや電子商取引でなくとも、多種多様なものがあります。たとえば最近マイクロソフトが75億ドルで買収すると発表した「GitHub」は、世界中のソフトウェア・エンジニアが使うプラットフォームであり、ソースコードを共有し、バージョン管理などを行いながら協働作業が行えるものです。一般ユーザーが使うものではないのであまり知られていませんが、世界中の最先端のソフトウェアのソースコードや、それらを開発できるエンジニアの情報が網羅されており、技術知識上は極めて重要なプラットフォームです。それをマイクロソフトが買収したというのは、個人が主役となるデフレーミングの時代における技術開発環境の重要性をよく理解していることを表しています。

また、Slackというプラットフォームはご存知でしょうか。仕事上のコラボレーションに特化したSNSのようなもので、急速に普及しています。手軽に利用を開始でき、議論をしたり、ファイルを共有したりすることが非常に容易になります。また、先ほどの表でも見たように、国

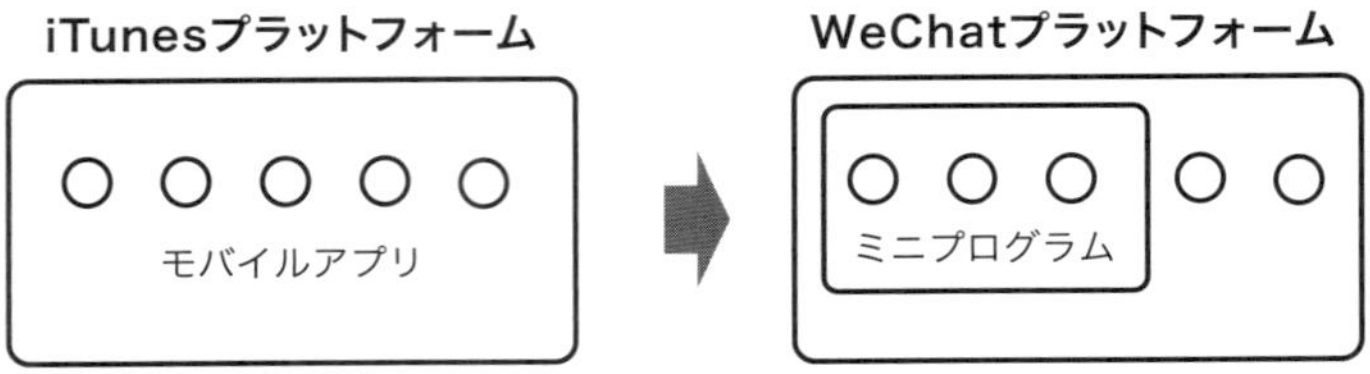

iTunesプラットフォーム

モバイルアプリ

WeChatプラットフォーム

ミニプログラム

図8-2　WeChatに見るプラットフォームの階層化

によってＬＩＮＥ、ＫａｋａｏＴａｌｋ、ＷｈａｔｓＡｐｐ、Ｗｅｉｂｏ、ＷｅＣｈａｔなど特有のプラットフォームもあり、必ずしも全世界で共通のプラットフォームが独占的に利用されているというわけでもありません。分野別、地域別においても、様々なプラットフォームを提供する余地はまだまだあります。

また、プラットフォームの階層化も進んでいます。ここで一つ参考になるのは、ＷｅＣｈａｔの中で動作するミニプログラムと呼ばれるアプリです。ミニプログラムは第三者も開発可能で、スマートフォンのアプリに似た存在ですが、あくまでもＷｅＣｈａｔの中で動作する「アプリ内アプリ」です。そういった意味では、ｉＴｕｎｅｓなどよりも小さい範囲をカバーする新しいレイヤーのプラットフォームです。小さいといっても、ＷｅＣｈａｔだけで10億人もの月間アクティブユーザー数がいるとされています。ＷｅＣｈａｔ自体が決済やチャットの機能を提供していますので、それらと組み合わせる形で、たくさんのミニプログラムが提供されています。[70] 従来、

ｉＰｈｏｎｅ用のｉＴｕｎｅｓやアンドロイド端末用のＧｏｏｇｌｅ Ｐｌａｙなどのプラットフォーム上にアプリがある構成でしたが、ＷｅＣｈａｔというアプリがひとつのプラットフォームとして機能することで、プラットフォームの階層化が進んでいるともいえます（図８-２）。

そうしたミニプログラムの一つに、「跳一跳」という簡単なゲームがあります。指で人形を飛ばして遊ぶだけの単純なものですが、すでに1億数千万人のユーザーがいるとされています。さらに、このゲーム内に広告を出すことも検討されており、ナイキやマクドナルドなどが試験的に広告を出しているとの報告もあります。ごく単純なゲームであっても、デジタルの力で数億人に簡単にアクセスでき、巨大なマーケットが広がっているのです。問題は、日本から提供する際に、どこを市場として捉えるかということです。当然のことながら、日本だけを考えていては、グローバルなプラットフォームとして存在感を放つのは難しいでしょう。

このように、プラットフォームはまだまだ様々な場面で生まれる可能性があり、現在はその黎明期といっても良い状態です。世界中で日々新たなプラットフォームが生み出されていますが、

70　https://lxr.co.jp/blog/7416/, http://www.catapultsuplex.com/entry/wechat-mini-programs-explained,https://36kr.jp/7008/ を参照。

データはサービスに付随して生成されるものです。データ量は日々指数関数的に増大しており、そのデータを囲い込むという発想よりも、いかにして新たなサービスを作り、そこでデータを生み出すかを考えるほうが、意味があります。既存のプラットフォーマーを規制してデータを取り戻そうとするよりも、いかにデータを生み出すサービスを作り出すか、そして、そうしたイノベーションの輪に日本が入っているかどうかが重要です。

信用情報の集積と個人の主体性

第二の課題として、プラットフォームの独占問題と関連して、個人の情報がどこに集約されるかという問題もあります。各個人が表に立って働く時代になれば、個々人の過去の仕事の評価や、信頼度を示す情報が重要になります。個人は企業ほど長い時間をかけてブランドを築くことが難しいため、自分の信用度を何らかの形で潜在的な取引相手に伝える必要があります。そのため、自分の信用情報を証明してもらうことには一定のニーズがあるということになります。

こうした個人の信用情報を提供するのに有利なポジションにいるのは、二つのビジネスです。一つは金融・決済を握っている企業です。キャッシュレスの度合いが高まり、個人の収入や支出に関する情報を容易にデジタルで分析できるようになれば、少なくとも経済的な信用度を算出することはある程度可能です。これは、すでにアント・フィナンシャルが芝麻信用で行っていることにも通じます。

もう一つはソーシャルネットワークを管理している企業です。彼らは個人個人がどのような人と繋がりを持っているかを把握しています。もっとも、SNS上の友達が多ければ信用度が高いとは限りませんが、他人との間のコミュニケーションのパターンや度合いを分析していけば、信頼度を何らか算出することはできるかもしれません。

企業側としては、よりリッチで正確な信用情報を算出しようとすれば、できるだけ幅広い情報を把握したいと思うでしょう。勤務先、友達、仕事の受発注状況とその評価、また趣味から食生活に至るまで、ありとあらゆる情報を集積すれば、それだけリッチな信用情報を提供することが可能になります。たくさんの個人情報を集積すればするほど、より高度な分析が可能になり、ネットワーク効果を通じてより広い対象者に信用の仲介を行うことが可能になります。インターネットがもたらす個人化の時代は、信用の仲介が鍵であるとすれば、多くのネット企業はそのような方向で戦略を練ることが考えられます。

その一方、個人にとってはそのプラットフォーマーへの依存度が高まっていく可能性があります。より危険なこととしては、個人個人が自らの信用情報をより高く示してもらいたいと思うあまり、より多くの情報を自ら進んで提供してしまうことです。産業が個人化した結果、より多くの自由と主体性を持って生きることができる可能性があったのに、実際には寡占化されたプラットフォームに依存し、自分の信用情報を上げることだけに必死になってしまうということにもなりかねません。

こうした個人情報の集約と信用情報への依存には、今後様々な課題が生じるでしょう。特定の民間信用情報に国民の多くが依存して取引を行うことが適切かどうか、議論する必要があります。その一方で、政府がこうした信用情報に関わって良いかどうかも問題です。また、近年マイデータやパーソナル・データストアといった考え方が研究されていますが、自らの信用情報に関わる情報のコントロールを本人がどのように行うことができるか、あるいは信用情報の算出ロジックの透明性を担保することができるかも議論すべき点です。

さらには、信用情報がかえって格差の固定化に繋がる危険性がないかも検討する必要があるでしょう。学歴や年収等で高い信用情報を持っている人にはより多くの仕事が入り、低い信用情報の人には仕事が来ないためにさらに格差が拡大していく可能性があります。

信用情報にはネットワーク効果があり、特定の信用仲介業者により多くの情報を提供するインセンティブが個人の側にもあるのは事実ですが、特定の信用情報への過度な依存は、個人の主体性を損なう危険性もはらんでいます。それを避けるためにも、過度にデジタルに依存せず、直接的な人的ネットワークによるコミュニティを仕事の面でも持っておくことは重要です。バランスの良い利用ができるよう、環境を工夫していく必要があります。

デフレーミングとプライバシー問題

第三の問題は、デフレーミング特有のプライバシーの問題です。これまで、企業の社員として仕事をする場合、個人に関わる情報は、企業という看板のもとで守られてきました。というのも、仕事を依頼する場合、基本的にはその企業の信頼性をもとに依頼するのであって、担当者を指定して行うわけではありません。もっとも、コンサルティングのように人によって得意、不得意が顕著に異なる分野の場合は人を指名する場合がありますが、それも最初は組織としての信頼で始まった取引です。その企業の中でだれがもっとも信頼できる社員であるかは、取引先において、限られた人がいわば暗黙知として知っていたのです。

しかし、デフレーミングの時代には、そのようにプライバシーを守ってくれる組織がありません。個人が矢面に立って、自らの信頼を提示する必要が出てきます。自らが手がけた仕事の評価は、レーティングやクチコミという形で残されることになります。その中には誤った情報や不合理なクチコミもあるかもしれません。

第6章で見たように、クチコミには極端な意見や、ネガティブな意見が多く書き込まれる傾向があり、現実のユーザーの平均的な感想から乖離する傾向があります。個人に対する不合理で極端な評価が、永続的にネット上に晒されるようになると、本人のその後のキャリアにとって困難な状況を生じる可能性があります。

そのため、今後のデフレーミング時代においては、「分散化された信頼」に関する情報をどう管理していくかが重要になります。一つは情報の質の問題であり、プラットフォーマーは、たとえば競争相手による不当に低いクチコミや、専門業者による書き込みなどを監視したり、場合によっては介入する必要があるでしょう。

もう一つは、情報のライフサイクル管理の問題です。何年も前の情報を、いつまでも掲載しておくことは、現在の取引には必ずしも参考にならない可能性があります。また、過去の情報がいつまでも公開されていることは、個人のプライバシーの観点からも問題があります。書き込みから3年経ったクチコミは重要度を下げる、あるいは削除するといった施策も必要ではないかと考えられます。

EUで施行されている「忘れられる権利」にも通じることですが、情報がいつまでも残っているというインターネットの特性と、その情報は分散化された主体、すなわち一般の人が一般の人について書いたものであるという時代においては、情報のライフサイクルをどう設計するかが、今後重要な論点となります。

孤立化を防ぐコミュニティの重要性

第四の課題が、孤立化です。デフレーミングの要素、「個人化」で見てきたように、これからは企業などの「枠」を飛び越えて、個人が重要になる時代です。しかし、個人で働き、フリーランスとして自宅で働くようになると、一日中だれとも話さない、ということが出てくるかもしれません。

こうした背景のもとに、第5章でも紹介した「コワーキングスペース」が急速な勢いで増えています。ロンドンではその数は170とも200とも言われており、街中で見かけることも多くなってきました。東京ではおよそ150カ所あるようです。一人で孤立して働くよりも、多種多様な人々とリアルな接点を持ち、コミュニティへの帰属意識を持てることは、楽しく働くためにも必要なことです。

また、イノベーションの種を生み出すには、「際」（キワ）という概念が重要になります。自分や自社の中心ではなく、辺境のエリアにある活動のことです。自分の「際」と他人の「際」の接点をいかに多く持てるかは重要です。たとえば、筆者が所属する東京大学大学院学際情報学府・情報学環は名前の通り、学際的な研究教育を行っています。そこには経済学、法学、社会学、情報工学など、様々な分野の専門家が集まり、具体的な社会課題を解決できるような研究活動が展開されています。もともと、社会の課題を解決するためには学際的な取り組みが重要になってきていましたが、個々人で働くことが増えるにつれて、自分の分野だけでなく多様な得意技や専門知識を持った人々と出会うための接点は、より重要性を増していくと考えられます。

また、筆者が所属していた国際大学GLOCOMは、多数の客員研究員や、大学院生のアルバイトが出入りするネットワーク型の組織です。それぞれが、大学や企業など、主たる所属先を別に持っています。経済学、情報工学、社会学など様々なバックグラウンドを持った人々が、机を並べて、プロジェクトで協働したりします。それぞれが持つ所属先や専門分野からみると「際」にあたる部分で、お互いが接点をもち、協働することで、新しい価値や気づきが生まれるのです。

ただし、ただ同じ空間にいるというだけでは、得るものは多くはありません。やはり同じ目的のもとで何かを生み出すという体験をするなど、知識を生み出すための場や、広義の組織デザインはまだまだ検討すべきところが多くあります。

デフレーミング時代の新たな社会保障の仕組み

最後に、デフレーミングの時代に対応して、社会として、あるいは政策的に取り組まなければならないことについて述べたいと思います。

デフレーミングは、これまで見てきたように既存の要素を分解して、つなぎ合わせることのできる経済です。中でも個人にとって最も大きな影響があるのは、産業構造の個人化でしょう。第7章で見たように、これまで大企業の中で一定の給与を保証されていた時代から、徐々に個人個人が表に立って仕事をしなければならない時代になります。ある意味で競争の厳しい時代ともいえるでしょう。

もちろん、企業組織がすべてなくなるわけではありません。また、組織で働くのか、フリーランスなどで働くのかを決めるのは個人個人の選択です。ただし、デフレーミングの影響は組織で働く人にも及びます。なぜなら、社外に個人として同じ仕事をしている人がいて、もしその人が優秀で、しかも安い単価で行ってくれるなら、組織内の人も競争に巻き込まれることになるからです。組織で働く人も、多かれ少なかれこうした個人化の要素を考慮していく必要があります。

こうした中で、企業組織がこれまで提供していた互助機能を、どのようにこれから代替していくかは大きな課題です。仕事の波や個人の事情をうまく吸収して、安定した生活を維持できる社会システムを整備していく必要があります。いくつかの保険会社はフリーランスや専門職向けの就業保険を提供し始めていますが、これらはその萌芽といえます。

また、単に金銭的なサポートだけではなく、コワーキングスペースに見られるように、コミュニティの機能を作り出すことも必要です。今後、コワーキングスペースは、単にオフィス環境のシェアというだけでなく、コミュニティの機能や、仕事の相互融通、就業保険や社会保障のような機能など、個人化する経済に対応した新たな受け皿としての存在に成長していくことが期待されます。

その一方で、キャリアの長期化と個人化が同時に進む環境を考えると、学び直しをいかにサポートするかも重要です。キャリア途中での学び直しへの金銭的サポートや、「学び直し休職」など、政府と企業双方での取り組みも必要です。また、第7章で述べたように、根本的には幼い頃から学ぶことの喜びや、学び方を学んでいけるよう、教育内容を見直していくことも必要です。

デフレーミングの時代は、個人個人が自らの関心や力を伸ばし、より自由に活動できる時代です。そうしたポジティブな面を伸ばしていくと同時に、社会の安定性を維持し、高めていくような制度的対応も同時に行う必要があるでしょう。

イノベーションのゆりかごとしての「都市」の復権

企業という枠が緩やかになり、個人がより独立性をもって働くようになることで、コワーキングスペースの重要性が増しているように、都市そのものもイノベーションの「ゆりかご」として重要になります。これまでは企業が立地していても、基本的に社員は複数事業部制の企業の中で多くの時間を過ごし、コラボレーションを行ってきましたので、どこに立地するかというのは単純に顧客への近接性や、労働市場の豊富さといった要因しか考慮されてきませんでした。

しかし、事業規模が小規模化し、企業の垣根を超えたコラボレーションがより必要である社会では、どれだけの多様性を持った人が同じ地域で働き、容易にコミュニケーションをとることができるかが非常に重要になってきます。こうした構造の変化から、新しいイノベーションの発信地となる地域が生まれてきています。

たとえば、ニューヨークの郊外であるブルックリンです。ここはもともとマンハッタンや、その反対側のニュージャージー州が比較的豊かな人々が住んでいたのに対して、どちらかといえば貧しいエリアでした。しかしだからこそ低い家賃で居住し、スタートアップ企業が入居することができます。ＩＴ企業を集積させるという戦略の影響や、コワーキングスペースが多数生まれたこともあり、今や最先端のカルチャーやイノベーションの発信地として成長しています。

また、ドイツのベルリンも注目されているエリアです。長年の東西ベルリンの分断によって、荒廃していたエリアもありましたが、統一後に廃墟となった工場をリノベーションし、歴史のあるエリアをそのまま残すことで、アーティストやスタートアップ企業が多数集まる地域として急成長しています。[71] 感性を重視した多様な人が集まることによって、社会の常識を疑い、新しい価値観や体験を実現する運動が始まることもあるでしょう。そうした新しい価値観から、新しいサービスが生まれることもあります。

ロンドンの東側、すなわちイーストエンドと呼ばれるエリアも同じような発展を遂げています。もともとあまり裕福なエリアではありませんでしたが、だからこそ安い家賃を求めてアーティストや起業家が住むようになりました。アーティストなどは制作活動を行うために広いスペースが必要ですが、使われなくなった倉庫や工場などが、ちょうどよい創作の場となります。東ロ

71　武邑光裕（2018）『ベルリン・都市・未来』、太田出版。

ンドン、特に２０１２年のロンドンオリンピックのメイン会場があったハックニーウィックやフィッシュアイランドといった地域は、２００６‐０８年頃からクリエイティブな仕事をする人々が集まるようになり、イノベーションの集積地となりつつあります[72]。

いずれの街にも共通するのは、大都市の近郊にあった比較的貧しいエリアに、アーティストや起業家など、多様性と創造性に富んだ人材がコストの低さから集積し、互いに刺激しながらイノベーションの中心地として成長していく姿です。そうは言っても、貧しいエリアをそのまま放っておいても成長していくわけではありません。創造性を刺激するような生活環境、心地よく交流を促す空間デザイン、低い生活コスト、鍵となるアーティストや起業家などの誘致などが両立して初めてそのような成長過程に入るのだと考えられます。

「デジタル・トランスフォーメーション」という言葉のもと、社会の仕組みやビジネスモデルを根本的に変革することが注目されていますが、そのためにはこれまでの常識を疑い、まったく新しい価値観や社会の仕組みを構想する力が必要になります。そうした思考は、アートや社会運動とも深く通じています。イノベーションやビジネスを地域で推進していくためには、こうした多様な人材が集まっている必要がありますので、都市の発展を考える上では、従来の地域振興、産業振興よりもずっと幅広い視点で考えておく必要があります。

もちろん、あまりに地域が急成長すると、家賃が高騰し、イノベーションの担い手だった人々が地域から離れてしまうリスクがあります。これは「ジェントリフィケーション」とも呼ばれる現象ですが、現在サンフランシスコなどで起こっていることであり、シリコンバレーが今後もイノベーションの中心地であり続けるうえでの障壁となりつつあります。いかに多様性と創造性を持つエリアを育て、維持していくかは、今後の地域経営において、またイノベーションの促進においても重要な課題となるでしょう。

72 Tarek Virani, Andre Piza, Morag Shiach (2018) Creative Clusters, social inclusion, and sustainability: The case of Hackney Wick and Fish Island. Network, QMUL Centre for the Creative Cultural Economy.

あとがき

ここまでお読みいただいて、いかがでしたでしょうか。本書で示した通り、情報技術によるイノベーションはかつてない勢いで業務を組み換え、ビジネスモデルを変革し、働き方や組織の構造にまで影響を与えつつあります。

本書は内容的には２０１７年に出版した拙著『Reweaving the Economy: How IT Affects the Borders of Country and Organization』（東京大学出版会）の続編にあたります。同書は学術書として、ソフトウェア開発やコールセンターのオフショア・アウトソーシング、クラウドコンピューティングなどを主題として扱いました。同書内でも個人間のコラボレーションにも触れましたが、主流はあくまでも企業間で行う、業務単位のアウトソーシングでした。ただ、その際にも土台となっていたのは情報技術による取引コストの削減であり、それがゆくゆくは企業間の取引のみならず、個人間の取引までもたらすだろうということを示していたのです。

それから数年が経ち、現実に経済における個人の存在感は日増しに高まっています。その具体的な姿は本書の中で述べた通りですが、私がブロックチェーンの研究にも携わっていたこともあり、数多くの若い起業家との出会いがありました。また、私が所属している東京大学の卒業生の進路も、官僚や大企業ではなく、スタートアップ企業に就職したり、自分で起業したり、小規模で専門性の高い企業で働くケースが多くみられるようになってきています。

私自身も、ここ数年、個人的にデフレーミングを感じることが多くありました。大前研一氏が学長を務めるビジネス・ブレークスルー大学では個人としてブロックチェーン関連の教育コンテンツの作成に携わったほか、他にもインターネットで配信する教育コンテンツの検討に接することがありました。

こうした個人化の流れは、大企業に安定的に雇用されている方々には縁遠く感じるかもしれません。もちろん、そうした働き方や雇用の安定性は価値のあるものです。しかし、本書で示した通り、超高齢化社会を迎え、社会保障の持続性に限界がみえている時代において、いつまでも企業の枠に守られるという保証はありません。安定した雇用の恩恵を受けていることは貴重なことですが、来るべき時代に対する備えも必要でしょう。

デフレーミングには光と影の両面があります。サービスや技術、個人の創造性のポテンシャルを最大限に発揮することができます。その一方で、安定性が失われる可能性があります。いかに光の部分を生かしつつ、影の部分に手当てをするかが、今後数十年間の大きな課題となるでしょう。

本書で示した内容が皆様において、今後どのように対応していけばよいのか、お考えいただくきっかけとなりましたら幸いです。

本書内容に関するお問い合わせについて

このたびは翔泳社の書籍をお買い上げいただき、誠にありがとうございます。弊社では、読者の皆様からのお問い合わせに適切に対応させていただくため、以下のガイドラインへのご協力をお願い致しております。下記項目をお読みいただき、手順に従ってお問い合わせください。

●ご質問される前に

弊社 Web サイトの「正誤表」をご参照ください。これまでに判明した正誤や追加情報を掲載しています。

正誤表　https://www.shoeisha.co.jp/book/errata/

●ご質問方法

弊社 Web サイトの「書籍に関するお問い合わせ」をご利用ください。

刊行物 Q&A　https://www.shoeisha.co.jp/book/qa/

インターネットをご利用でない場合は、FAX または郵便にて、下記“翔泳社 愛読者サービスセンター”までお問い合わせください。
電話でのご質問は、お受けしておりません。

●回答について

回答は、ご質問いただいた手段によってご返事申し上げます。ご質問の内容によっては、回答に数日ないしはそれ以上の期間を要する場合があります。

●ご質問に際してのご注意

本書の対象を越えるもの、記述個所を特定されないもの、また読者固有の環境に起因するご質問等にはお答えできませんので、予めご了承ください。

●郵便物送付先および FAX 番号

送付先住所 〒 160-0006　東京都新宿区舟町 5
FAX 番号 03-5362-3818
宛先（株）翔泳社 愛読者サービスセンター

※本書に記載された URL 等は予告なく変更される場合があります。
※本書の出版にあたっては正確な記述につとめましたが、著者や出版社などのいずれも、本書の内容に対してなんらかの保証をするものではなく、内容やサンプルに基づくいかなる運用結果に関してもいっさいの責任を負いません。
※本書に掲載されているサンプルプログラムやスクリプト、および実行結果を記した画面イメージなどは、特定の設定に基づいた環境にて再現される一例です。
※本書に記載されている会社名、製品名はそれぞれ各社の商標および登録商標です。

【著者紹介】

高木 聡一郎（たかぎ　そういちろう）
東京大学大学院情報学環准教授。国際大学グローバル・コミュニケーション・センター（GLOCOM）主幹研究員を兼務。株式会社 NTT データ、同社システム科学研究所、国際大学 GLOCOM 教授／研究部長／主幹研究員等を経て2019年より現職。これまでに、国際大学 GLOCOM ブロックチェーン経済研究ラボ代表、ハーバード大学ケネディスクール行政大学院アジア・プログラム・フェロー、慶應義塾大学 SFC 研究所訪問所員などを歴任。専門分野は情報経済学、デジタル経済論。情報技術の普及・発展に伴う社会への影響を、主に経済学の観点から分析している。主な著書に「ブロックチェーン・エコノミクス 分散と自動化による新しい経済のかたち」（翔泳社）、「Reweaving the Economy: How IT Affects the Borders of Country and Organization」（東京大学出版会）、「学び直しの方法論 社会人から大学院へ進学するには」（インプレス R&D）など。2015年に社会情報学会より「新進研究賞」、2019年に KDDI 財団より KDDI Foundation Award を受賞。東京大学大学院学際情報学府博士課程修了。博士（学際情報学）。

Editorial & Design by Little Wing

デフレーミング戦略
アフター・プラットフォーム時代のデジタル経済の原則

2019年7月16日　初版第1刷発行
著　　者　高木 聡一郎
発 行 人　佐々木 幹夫
発 行 所　株式会社翔泳社（https://www.shoeisha.co.jp）
印刷・製本　大日本印刷株式会社

本書へのお問い合わせについては、275ページに記載の内容をお読みください。
乱丁・落丁はお取り替えいたします。03-5362-3705までご連絡ください。

ISBN978-4-7981-6278-2　　Printed in Japan